第四次産業革命

ダボス会議が予測する未来

The Fourth Industrial Revolution

クラウス・シュワブ

世界経済フォーラム【訳】

日本経済新聞出版社

Title of the English original version:
"The Fourth Industrial Revolution", published 2016.
This translation of "The Fourth Industrial Revolution" is published
by arrangement with the World Economic Forum, Cologny/Geneva, Switzerland.

Book design by Takao Yamaguchi
DTP by Artisan Company

本書への賛辞

目的意識と価値観を原動力とする組織のみが、現在進行中のとてつもない技術的、社会的、経済的変化を方向づけて、果実を得ることができる。クラウス・シュワブ氏は、なぜ私たち全員が第四次産業革命の中心にステークホルダーの原則を置かなければならないのか、なぜ変化から得られる果実を私物化せずに公益も意識しなければならないのかを、説得力ある形で簡潔に述べている。本書はわが社のリーダーシップチームの必読書である。

——マーク・ベニオフ（セールスフォース・ドットコム会長兼ＣＥＯ）

本書は、エマージングテクノロジー（先端的技術）によって将来に生じるチャンスを理解し、難題を乗り越えたいと願う企業リーダーや政策立案者、市民にとって必読書となる。大きな変革が起きれば、どんなビジネスモデルもどんな社会も必ず影響を受けることは明らかだ。クラウス・シュワブ氏は、これまでの三回の産業革命よりも第四次産業革命が持続可能で、個人に権限移譲をし、包括的なものにするためには、個人と集団の力が欠かせないことを気づかせてくれる。

——ムーター・ケント（コカ・コーラカンパニー会長兼ＣＥＯ）

第四次産業革命は、個別の技術が世界を変えるのではなく、新技術が使われるシステムや新技術が創出するバリューネットワークが世界を変革するのだと気づかせてくれる。生産や消費、取引などの諸活動に対して新技術がもたらす影響を理解するためだけでなく、全人類の利益となるシステムに向けた戦略の書として本書を推薦したい。

――アンヘル・グリア（ＯＥＣＤ事務総長）

働き方や情報共有のあり方から、気候変動や水不足といった世界レベルの危機に至るまで、技術が人類の明日を決定づける。本書でクラウス・シュワブ氏は、人類の本質的な価値観を維持した形で未来の社会を作り上げるために、どのように技術を方向づければいいのかについて、すばらしい思考の枠組みを提示している。

――Ｌ・ラファエル・リーフ（ＭＩＴ学長）

第四次産業革命によってもたらされる変化に対して、企業、業界、国家はみな胸を躍らせている。だが歴史が教えてくれるのは、新しい思考法や新しい組織、新しい協働の方法を求めるような社会的変化や政治的変化が起きるときには、必ず経済的な混乱が起きるということだ。本書は驚くべきエマージングテクノロジーの評価と、システム変革がもたらす負の影響に対する冷静な分析、私たち全員が共通目標を胸に行動を起こせるという希望を等しく取り上げている。

――カール・ヘンリク・スバンベリ（ＢＰ会長）

目次

3章 経済、ビジネス、国家と世界、社会、個人への影響……45

付章

はじめに

　今日、私たちが直面している幅広で数多の興味深い諸問題のなかで、最も努力を必要とし、また最も重要となるのは、新しい技術革命をどのように理解し、実現するかだ。この技術革命は、必然的に「人類文明の大変革」を伴うものとなる。私たちは、生活や仕事の仕方、さらには他者との関わり方を根本から変える大変革の入口にいる。これは人類がこれまで経験したことのない、規模、範囲、複雑さの大変革となり、まさに「第四次産業革命」と呼ぶにふさわしいものとなると考えている。

　だが、私たちはいまだにこの新しい大変革のスピードと広がりを十分に理解できていない。数十億人がモバイル機器で互いに接続可能になったときの、無限の可能性を考えてみてほしい。かつてない処理能力や保存容量、情報や知識へのアクセスがモバイル機器によって実現するだろう。あるいは、エマージングテクノロジー（先端的技術）のブレイクスルーが大量に同時発生していることに思いを馳せてほしい。少し例を挙げるだけでも、人工知能（ＡＩ）、ロボット技術、インターネット・オブ・シングス（ＩｏＴ）、自動運転車、３Ｄプリンタ、ナノテクノロジー、バイオテクノロジー、材料科学、エネルギー貯蔵、量子コンピューターなどブレイクスルーは多様な領域に広がっている。これらイノベーションの多くは初期段階にある。だが、現実世界やデジタルの世界、生物学的世界のあちこちで技術が融合し、互いを強化かつ増強しながら、すでに開発は変曲点に達している。

私たちは新しいビジネスモデルの出現、従来モデルの破壊(原註1)や生産、消費、輸送、配送システムの再編成に示されるような、あらゆる産業にわたる根本的転換に直面している。社会では、働き方やコミュニケーションの方法、さらには自己表現や学習、気晴らしの方法についても、パラダイムシフトが進行している。教育、医療、輸送の各システムと同様に、政府機関や関係機関も一様に変わりつつある。テクノロジーを使って人間行動や生産と消費のシステムを変えるという新しい方法は、負の外部性という形で隠れたコストを生み出すのではなく、自然環境の再生や環境保全を支援する可能性がある。

現在起きている変化は、その規模、スピード、範囲のいずれから見ても歴史的なものだ。

エマージングテクノロジーの開発と実行はきわめて大きな不確実性を伴うため、こうした産業革命によって推進される大変革がどの程度起きるかまだわからない。だが、それは複雑で分野を越えて相互に関連するため、グローバル社会のステークホルダーである政府や産業界、学界、市民社会は互いに協力し、新たなトレンドをよりよく理解する責任を負っている。

共通の目標や価値を反映する「共通の未来」を築くとき、とりわけ重要になるのが理解の共有である。テクノロジーが私たちの生活や将来の若い世代の生活をどのように変えつつあるのか、テクノロジーは私たちの生活の基盤である経済、社会、文化、人間関係の形をどのように作り変えつつあるのか、包括的かつグローバルに共有された展望を持つ必要がある。
変化はきわめて大きい。人類史上、最も前途有望で、最も危機をはらんだ時代といえる。だが私が懸念しているのは、意思決定者たちが従来の直線上で非破壊的にしか物事を考えられないことが多かったり、眼前の懸念に気を取られ過ぎて、私たちの将来を形作る破壊やイノベーションの力について戦略的に考えられなくなっていることのほうだ。
最近の状況を第三次産業革命の一部にすぎないと考える学者や専門家がいることも知っている。しかし、三つの理由から、第四次産業革命と呼ぶにふさわしい革命が進行中であると私は確信している。

速度：これまでの産業革命とは逆に、第四次産業革命は、線形ではなく指数関数的ペースで進展している。私たちは多面的で相互に深く結びついた世界で暮らしており、新テクノロジーがさらに新しい高性能テクノロジーを生み出しているからだ。

拡大と深化：第四次産業革命はデジタル革命の上に成り立っており、経済やビジネス、社会、一人ひとりの個人に空前のパラダイムシフトをもたらしているさまざまなテクノロジーを結びつけている。第四次産業革命は仕事の「対象」と「方法」を変えるだけでなく、私たち自身が「誰」なのかをも変える。

システムへの影響：第四次産業革命は、国や企業、産業、社会全体の全部のシステムの転換を伴う。

本書は第四次産業革命の入門書を目指している。第四次産業革命とは何か、何をもたらすのか、私たちにどのような影響をおよぼすのか、公益のために活用するには何ができるのか、について述べる。共通の未来に関心を持ち、この画期的な変革の機会を利用して世界をよりよい場所にしたいと考えている人たちに読んでもらいたい。

本書の目標は主に三つある。

①技術革命の包括性とスピード、その多面的な影響に対する意識を高める
②技術革命の核となる問題を明確にし、取り得る対応に重点を置いた思考の枠組みを構築する
③技術革命に関する問題について官民の協力や提携を推進するプラットフォームを提供する

この三つにもまして本書でとくに強調したいのは、テクノロジーと社会がいかにして共存できるかだ。テクノロジーは、私たちが制御できない外的な力ではない。「テクノロジーを甘受し、どうにか一緒にやっていく」か「テクノロジーを拒否し、テクノロジーなしで生きる」の二者択一を強いられているわけでもない。そうではなく、テクノロジーの劇的な変化は、私たち自身のあり方や、世界に対する認識について思いをめぐらす機会だと捉えるべきだ。どのように技術革命を活用するか考えれ

ば考えるほど、私たち自身のことや、こうしたテクノロジーが実現し、可能にしてくれる社会モデルについて考えるようになり、世界をよりよくする方向に技術革命を実現する機会が増えることになる。

第四次産業革命を軋轢と非人間性に満ちたものにするのではなく、人々に力を与える人間本位のものにするのは、単独のステークホルダーやセクター、一部の地域、産業、文化が行う仕事ではない。第四次産業革命は抜本的かつグローバルな性質を持つため、すべての国や経済、セクター、人々が影響を受け、またそれらから第四次産業革命も影響を受ける。したがって、学界、社会、政界、国家、産業界の境界を越えた多様なステークホルダー間の協力に対して、注意とエネルギーを投じることが重要になる。前向きで希望に満ちた共通の構想を立て、世界中の個人や集団が現在進行中の大変革に参加し、その恩恵に与れるようにするために、こうした相互交流と協調が必要だ。

本書で取り上げた情報や私自身の分析の大半は、世界経済フォーラムが現在進めているプロジェクトとイニシアティブに基づくものであり、フォーラムの最近の会合で詳しく説明され、協議され、活発に議論が重ねられたものだ。つまり本書は、世界経済フォーラムの将来の活動を方向づける枠組みを提供するものでもある。私は多くの対話――政財界や市民社会の指導者、テクノロジーの先駆者、若者たちとの対話――からいろいろなことを学んだ。その意味では、本書はクラウドソーシングの成果であり、フォーラムのコミュニティの英知を結集したものでもある。

本書は、3章で構成されている。1章は第四次産業革命の概況を述べる。2章は、変革力を持つ、主なテクノロジーについて説明する。3章は、第四次産業革命の影響とそれによって提起される政策課題について深く掘り下げて論じる。最後に、どうすればこの大変革の潜在力を最適な方法で適応、具現化、利用できるかについて、実践的なアイデアと解決策を提案する。

1章

第四次
産業革命とは
何か

歴史的背景

「革命」という語は、突然で急激な変化を意味する。歴史上、これまでも革命は何度か起きているが、いずれも新しいテクノロジーや新しい世界の認識が引き金となり、経済システムや社会構造が根底から変化したときだった。これらの変化は突然起きたといっても、その内容が明らかになるには数年の歳月がかかることもあった。

私たちの生活様式が最初に根底から転換したのは、約一万年前に起きた狩猟生活から農耕生活への移行だった。これは動物の家畜化によって可能になった。生産、輸送、通信のために家畜と人間の力が結びつき、農業に変革が起こった。食料生産量が少しずつ増えたことで人口増加に拍車がかかり、より大規模な人類の定住化が可能になった。これがついには都市化につながり、都市が繁栄することになった。

農業革命に続いて一八世紀後半から一連の産業革命が始まった。その特徴は人間や家畜による動力から機械動力への移行だったが、それがさらに発展した今日の第四次産業革命では、認知力の向上が人間の生産量を増加させている。

蒸気機関の発明と鉄道建設とによりもたらされた第一次産業革命（一七六〇年代～一八四〇年代）

は、機械による生産の到来を告げるものだった。電気と流れ作業の登場によってもたらされた第二次産業革命（一九世紀後半〜二〇世紀初頭）は、大量生産を可能にした。一九六〇年代に始まった第三次産業革命は、半導体、メインフレームコンピューター（一九六〇年代）、パーソナルコンピューター（一九七〇年代〜一九八〇年代）の開発とインターネット（一九九〇年代）によって推進されたことから、一般的にコンピューター革命あるいはデジタル革命と呼ばれている。

　第一次から第三次までの産業革命を説明するのに用いられるさまざまな定義や学問的議論を念頭に置いたうえで、今日、私たちは第四次産業革命の入口にいると私は考えている。第四次産業革命は、今世紀に入ってから始まり、デジタル革命の上に成り立っている。第四次産業革命を特徴づけるのは、これまでとは比較にならないほど偏在化しモバイル化したインターネット、小型化し強力になったセンサーの低価格化、ＡＩ、機械学習である。

　コンピューターのハードウェア、ソフトウェア、ネットワークを中核とするデジタルテクノロジーは、第三次産業革命で大きく発展したものであり目新しいものではないが、より高度で統合されたものとなりつつあり、その結果として社会やグローバル経済を変容させている。これこそが、マサチューセッツ工科大学（ＭＩＴ）のエリック・ブリニョルフソン教授とアンドリュー・マカフィー教授がこの期間のことを「第二機械時代《セカンド・マシン・エイジ》」（原註2）と名づけた理由だ。彼らは二〇一四年に『ザ・セカンド・マシン・エイジ』を刊行し、その中で現在の世界は、自動化と「これまで存在していなかったモノ」も作れるようになったことによって、これらのデジタル技術の影響が「最大限」に現れる変曲点に立っている、と述べている。

ドイツでは「インダストリー4・0」に関する議論が展開されている。これは、二〇一一年のハノーバー・メッセで、インダストリー4・0がグローバルなバリューチェーン構築にどのような大変革を起こすかを説明するために造られた言葉だ。いわく、インダストリー4・0は「スマートファクトリー」によって、仮想的な生産システムと現実の生産システムとがグローバルかつ臨機応変に互いに協力する世界を構築でき、これにより製品の完全なカスタマイズ化と新たな経営モデルの創出が可能になるという。

だが、第四次産業革命は、相互接続されたスマートな機械やシステムのことだけに限定される話ではない。範囲ははるかに広い。いま遺伝子配列解析からナノテクノロジー、再生可能エネルギー、量子コンピューターに至る分野で新たなブレイクスルーの波が同時に起きている。第四次産業革命がこれまでの産業革命とは根本から異なるのは、これらのテクノロジーが融合し、物理的、デジタル、生物学的各領域で相互作用が生じたことである。

第四次産業革命ではエマージングテクノロジーと幅広いイノベーションが、これまでの産業革命をはるかに凌駕する速度と範囲で普及している。世界の一部では、これまでの産業革命がいまだに進行中のところもあるにもかかわらずだ。いまだ世界人口の一七%、約一三億人は電気を利用できないため第二次産業革命を十分に経験してさえいない。第三次産業革命についても同じことがいえる。インターネットにアクセスできない人が四〇億人（世界人口の半分強）もいて、ほとんどが発展途上国に住んでいる。紡績機（第一次産業革命の代表的発明）がヨーロッパ外に普及するのに約一二〇年かかったが、インターネットが世界中に浸透するのに一〇年もかからなかった。

社会がどこまで技術革新を受け入れるかが発展の主要な決定要因であるという第一次産業革命の教訓は、今日でも有効である。民間セクターはもとより、政府機関や公的機関もそれぞれの役割を果たす必要があるが、市民が長期的な視点で技術革新の利益を見るべきである。

私は第四次産業革命が過去の三度の産業革命とまったく同じように強烈で、影響が大きく、歴史的にも重要なものになると確信している。とはいえ、第四次産業革命が効果的かつ集約的に実現される可能性を制限しかねない要因として、主な懸念点が二つある。

第一に、第四次産業革命に対応するには私たちの経済、社会、政治のシステムを考え直す必要があるが、各分野においてリーダーシップ不足と変革への理解不足を感じている。一国で見てもグローバルで見ても、イノベーションの普及を管理し、混乱を防止するための制度的枠組みが不十分か、まったく存在していない状態だ。

第二に、世界には第四次産業革命が創出する機会と問題の概略に関する一貫性ある建設的な共通構想もなければ、さまざまな個々人やコミュニティに力を与えつつ、根本的な変革に対する大衆の反発を避けるのに必要な説明もない。

根底からのシステム変革

本書の前提は、テクノロジーとデジタル化が万事を大きく変革するということだ。使い古されているうえにたびたび間違って使われてきた「今回は違う」という言葉は、今回にこそ当てはまる。主要な技術革新は、いままさに世界中の重要な変革に勢いを与える寸前にあり、これはもう不可避なのだ。

変革の規模と範囲を考えれば、破壊とイノベーションが急速なものに感じられる理由が明らかになる。イノベーションの開発と普及のスピードはこれまで以上に速い。いまやおなじみとなったエアビーアンドビー、ウーバー、アリババといった現代の破壊者たちの社名は、わずか数年前にはほとんど知られていなかった。また、いまではあちこちで使われているiPhoneが最初に発売されたのは二〇〇七年のことで、二〇一五年末時点で二〇億台ものスマートフォンが使用されている。グーグルが最初の完全自動運転車を発表したのが二〇一〇年のことで、こういった自動運転車が広く普及し道路上を走るのはもう間もなくだろう。

事例はもっとある。だがスピードだけでなく、規模に関する収穫も信じがたいものとなっている。デジタル化とは作業の自動化を意味し、それは企業が収穫逓減の法則を経験しなくても済む（あるいは収穫逓減の度合いが弱まる）ことを意味している。この意味を理解するために、一九九〇年のデトロイト（当時の伝統的産業の主要な中心地）と二〇一四年のシリコンバレーを比較してみよう。一九九〇年当時、デトロイトの三大企業を合わせた時価総額は三六〇〇億ドル、収益は二五〇〇億ドル、従業員数は一二〇〇万人だった。二〇一四年のシリコンバレーの三大企業の時価総額ははるかに多い一・

〇九兆ドルで、収益はほぼ同じ二四七〇億ドル、従業員数は約一〇％の一三万七〇〇〇名だった（原註3）。

今日、富を築くのに必要な従業員数が一〇年ないし一五年前と比較してはるかに少なくてすむのは、デジタル事業の限界費用がゼロに近づきつつあるためだ。さらに多くの新興企業が提供しているのは、保管、輸送、複製コストが事実上ゼロの「情報財」だというのがデジタル時代の現実である。一部の破壊的なテクノロジー企業は、成長に資本を必要としていないようにも見える。たとえば、インスタグラムやワッツアップは、多額の起業資金を必要としなかった。第四次産業革命を背景として、資本の役割とビジネス拡大のあり方は変化している。全般的に見て、収穫逓減しないことがさらに規模を追い求めさせており、システム全体の変革に影響をおよぼしている。

スピードや広がりのほかにも、第四次産業革命がユニークなのは、非常に多くの専門分野や発見の調和や統合が増大していることだ。さまざまなテクノロジーが相互依存状態にあることで生み出されるイノベーションは、もはやＳＦの世界の出来事ではない。たとえば、今日のデジタルファブリケーションの技術は、生物学の世界と相互に交流している。デザイナーや建築家のなかには早々と、コンピューター設計、付加製造（３Ｄプリンタ）、材料工学、合成生物学を融合して、微生物、私たちの身体、私たちが消費する製品、さらには私たちが住む建物の相互作用に関係するシステムの開発に取り組んでいる人もいる。その際、動植物界の特徴である「突然変異と環境適応を繰り返す」物体を製作し、育ててさえいる（原註4）。

ブリニョルフソンとマカフィーは、『ザ・セカンド・マシン・エイジ』の中で、コンピューターは利口すぎて、ほんの数年後であってもどのようなアプリケーションが使用されるか予想できないと論じている。ＡＩは、自動運転車やドローン、バーチャル・アシスタント、翻訳ソフトなど、すでに私たちの身の回りにも存在しており、私たちの生活を変容させつつある。コンピューターの演算性能の急激な向上と利用可能になった膨大なデータのおかげで、創薬に用いられるソフトウェアや私たちの文化的関心を予測するアルゴリズムまで、ＡＩは見事な進歩を遂げている。こうしたアルゴリズムの多くは、私たちがデジタル世界に残したデータの「パンくず」の痕跡から情報を読み取る。それに伴い、インテリジェントロボットやコンピューターが自動プログラミングを行い、第一原理から最適なソリューションを見つけ出すことを可能にする、新しいタイプの「機械学習」や自動発見が生まれている。

アップルのＳｉｒｉのようなアプリケーションでは、急速に進歩しているＡＩ分野の一部、いわゆるインテリジェント・アシスタントの能力を垣間見られる。インテリジェント・アシスタントが出現しはじめたのはわずか二年前だが、今日の音声認識やＡＩの発展は急激なため、コンピューターとの対話機能が標準装備となり、一部の技術者がアンビエント・コンピューティングと呼ぶもの（ロボットのパーソナル・アシスタントが常にノートをとり、ユーザーの疑問に回答できるよう待機している）が発明される日も近いだろう。デバイスが私たちの声に耳を傾け、ニーズを予測し、頼まなくても必要なときに私たちを支援してくれるものとして、一人ひとりのエコシステムの中で存在感を増していくだろう。

構造的問題としての不平等

第四次産業革命では、大きな利益がもたらされるが、それと同じくらい大きな問題が生じることにもなる。とくに懸念されるのは、不平等の悪化だ。不平等が高まることによる問題は、私たちの大半が消費者であり生産者でもあることから定量化が難しく、イノベーションと破壊が私たちの生活水準と幸福に好影響と悪影響の両方をおよぼすことになる。

最も得をしているように見えるのは消費者だ。第四次産業革命は、実質無料で消費者の個人生活の効率を高める新たな製品やサービスを可能にしている。タクシーを予約する、フライトを確保する、製品を購入する、支払いを行う、音楽を聴く、映画を見る——どれもいまや手元で行うことができる。すべての消費者にとってテクノロジーが有用なものであることに議論の余地はない。インターネット、スマートフォン、数千ものアプリは、私たちの生活を楽にし、概して生産性の高いものにしている。私たちが読書、インターネットの閲覧、コミュニケーションに使うタブレットのようなシンプルなデバイスには、三〇年前のデスクトップコンピューター五〇〇〇台分の処理能力があるが、情報の保存コストはほぼゼロだ（一ギガバイトの保存コストの平均は、二〇年前は一万ドルを超えていたのに対し、今日では年間〇・〇三ドル未満）。

第四次産業革命により生じた問題のほとんどは、供給側（すなわち労働と生産の世界）で起こったように思われる。過去数年にわたり、最先進国の圧倒的大部分や、中国のような成長著しい経済大国で、労働分配率が大幅に低下した。この低下の半分は、投資財の相対的な価格下落で説明できる(原註5)。この価格下落自体、イノベーションの進展が要因である（これにより企業は資本を労働で代替するようになった）。

その結果、第四次産業革命の大きな受益者は、知的資本または物的資本の提供者であるイノベーターや投資家、株主となっている。これにより、労働に依存する人々と資本を所有する人々の間に、富の差が拡大していることがわかる。それはまた、実質所得が一生増えないことや子供たちの暮らしが自分たちよりよくならない可能性があると確信した多くの労働者の間に幻滅感が広がっていることの説明にもなる。

不平等の増加と不公正に対する懸念の増大は重大な問題なので、3章で別に論じることにしよう。一握りの人々に利益と価値が集中する状況は、いわゆるプラットフォーム効果によりさらに悪化している。デジタル企業は、幅広い製品やサービスの買い手と売り手をマッチングさせることで、規模に関する収穫逓増を享受するネットワークを構築することができる。

プラットフォーム効果の結果、少数の強力な独占的プラットフォームへの集中が起きる。その利点はとくに消費者には明らかである。価値と利便性が高く、コストは低い。社会的リスクも同様に明白だ。価値と権力がごく少数の人々に集中しないようにするには、協調的イノベーションをオープンなものにし、機会を広げることにより、（産業基盤を含む）デジタル・プラットフォームの利点とリスクのバランスをとる方法を見つけなければならない。

これらはすべて、経済、社会、政治システムに影響をおよぼす根本的な変化であり、グローバリゼーションのプロセスをどうにかして逆回転させたとしても元に戻すことは難しい。すべての産業と企業の疑問は例外なく、「破壊があるのか？」ではもはやなくなり、「破壊はいつ、どのように、どんな影響をおよぼすのか？」というものになるだろう。

破壊が現実であり、破壊が私たちにおよぼす影響が不可避であるといっても、それに直面する私たちが無力だというわけではない。政策の選択肢を増やし、第四次産業革命をすべての人々の機会とする変革を実施するために共通の価値を築くのは私たちの責任である。

2章

革命の推進力とメガトレンド

数えきれないほどの機関が、第四次産業革命の推進力となる各種テクノロジーのランキングを作成している。そうしたテクノロジーから生じる科学上のブレイクスルーと新テクノロジーは無限に存在すると思われ、さまざまな多方面の活動や場所に広がっている。私が取り上げた注目すべき重要テクノロジーは、世界経済フォーラムが行った調査と同フォーラムのいくつかのグローバル・アジェンダ・カウンシルが行った作業に基づき選んだものだ。

メガトレンド

新たな変化やテクノロジーにはすべて、一つの重要な共通する特徴がある。それは、デジタル化と情報テクノロジーの浸透力を活用していることだ。本章で述べるイノベーションはすべて、デジタルパワーによって現実のものとなり、強化されている。たとえば遺伝子配列解析は、コンピューターの演算能力とデータ解析の進歩がなければ行えなかった。同様に、それ自体がコンピューターの演算能力に大きく依存しているＡＩがなければ、先進ロボットが存在することもなかった。

メガトレンドをとらえ、第四次産業革命の技術的な推進力の大まかな特徴を表すために、私は、前述のリストを物理的、デジタル、生物学的の三つに分類した。これら三つともすべて深く相互に関連し合っており、さまざまなテクノロジーがそれぞれでの発見や進歩に基づき恩恵を受け合っている。

物理的なメガトレンド

物理的な技術のメガトレンドは主に四つの形で現れている。

①自動運転車
②3Dプリンタ
③先進ロボット工学
④新素材

①自動運転車

運転手のいない乗用車がニュースを賑わしているが、ほかにもトラック、ドローン、飛行機、船など、すでに多くの自動運転化が実現している。センサーやAIのようなテクノロジーの進歩とともに、これらすべての自動運転車の性能が急速に向上している。数年内に低コストの商用ドローンや潜水艇がさまざまな用途に使われるようになるだろう。

センサーによる識別と周辺環境への対応（衝突防止）が可能になれば、ドローンが電線を点検したり、紛争地域へ医療品を配送したりできるようになる。農業分野ではドローンをデータ解析と併用することにより、より正確で効率的に肥料や水を使用できるようになる。

②3Dプリンタ

付加製造とも呼ばれる3Dプリンタ技術は、デジタル3D図面かデジタル3Dモデリングのデータを積層印刷することにより物体を造るものだ。これまでの製造法は、希望する形を造りだすまで素材の層をはがしていく引き算だったが、3Dプリンタはその逆で素材を足していく。3Dプリンタはデジタルデータという「鋳型」を使って、液状の素材を三次元の造形物にしていく。

このテクノロジーは、大型のもの（風力タービン）から小型のもの（医療用インプラント）まで幅広い用途に用いられている。いま現在は、主に自動車、航空宇宙、医療での用途に限られている。大量生産品とは異なり、3Dプリンタで製造されるものは簡単にカスタマイズできる。サイズ、コスト、スピードに関する現在の制約が徐々に克服されるにつれて、3Dプリンタはさらに浸透し、回路基板のような集積電子部品のほか、人間の細胞や臓器も造れるようになるだろう。いま研究が進んでいるのは、温度や湿度といった環境変化に対応できる新世代の自己改変製品《セルフ・オルタリング・プロダクト》を造る4Dプリンタだ。衣料や靴などのほか、人体に順応するよう設計されたインプラントなど健康医療製品にも使われる可能性がある。

③先進ロボット工学

最近まで、ロボット利用は、自動車などの特定産業の厳格に管理された作業に限定されていた。しかし今日ではロボットが精密農業から看護まであらゆる分野で幅広い作業に利用されるようになってきている。ロボット工学の急激な進歩によって、近い将来、人間と機械の協力は日常の現実となるだろう。さらに、ロボットの構造・機能設計が複雑な生物学的構造に触発されるなど、別のテクノロジーの進歩によりロボット工学の適応性と機動性が高まっている（生態系のパターンや生存戦略を模倣するバイオミメティクスの延長）。

センサーの進歩により、ロボットは環境を理解し、環境対応力を高め、家事など幅広い作業を行えるようになった。かつてのロボットは一台ごとに自律的な制御が必要だったが、現在のロボットはクラウドからリモートで情報にアクセスし、他のロボットのネットワークに接続できる。次世代ロボットが出現した暁には、人間と機械の協力に重点が置かれるようになっているだろう。3章では、人間と機械の関係から起きる倫理的・心理的な問題について述べる。

④新素材

数年前には想像できなかったような特性を持つ新素材が市場に登場している。それらの新素材は、軽くて強く、再利用可能で、適応力がある。自己修復力や自己洗浄力のあるスマート素材や、形状記憶合金、圧力を電気に変えるセラミックや水晶などだ。

第四次産業革命の多くのイノベーションと同様、どこで新素材の開発が主導されるかを知るのは難しい。鋼鉄の約二〇〇倍の強度を持ち、人間の髪の毛の一〇〇万分の一の細さで、熱伝導性と導電性に優れたグラフェンのような先進ナノ素材を取り上げてみよう(原註6)。グラフェンの価格競争力が向上すれば、製造業とインフラ産業に大きな混乱をもたらすおそれがある(原註7)(現在、一マイクロメーター四方のグラフェンの原価は一〇〇〇ドルを超え、地球上で最もグラム単価が高い素材の一つ)。さらに、特定のコモディティに大きく依存している国々にも深い影響をおよぼすおそれがある。

その他の新素材も、私たちが直面しているグローバル・リスクの軽減に重要な役割を果たす可能性がある。たとえば、新技術によって実現可能性が見えてきた、再利用可能な熱硬化性プラスチックがそれだ。熱硬化性プラスチックは現在、携帯電話、回路基板、航空宇宙産業の部品まであらゆるものに使用されているが、従来は再利用が不可能だと思われていた。だが最近、ポリヘキサヒドロトリアジン(PHT)と呼ばれる新しい再利用可能な熱硬化性ポリマーが発見された。これは、再利用可能な設計を促し、経済成長と資源需要を切り離すことで機能する循環型経済に向かう重要なステップとなるだろう(原註8)。

デジタルなメガトレンド

第四次産業革命の物理的側面とデジタル的側面の主な架け橋の一つは、インターネット・オブ・シングス(IoT)である。一番簡単にいえば、モノやコト(製品、サービス、場所など)と人間とを結びつける技術であり、さまざまなプラットフォームと関連技術により可能になった。

物理的世界にあるモノやコトをバーチャルネットワークに接続するためのセンサーやその他の多くの手段は、驚くべきペースで拡大している。小型で廉価になったスマートなセンサーは、住宅、衣料品、アクセサリー、都市、輸送ネットワーク、エネルギーネットワーク、製造工程に取り付けられている。今日、世界中でスマートフォンやタブレット、コンピューターなどといった数十億台ものデバイスがインターネットに接続されている。今後数年間でその台数は劇的に増加する。数百億台になるという予測もあれば、一兆台超になるという推定もある。これにより資産と事業活動に対して非常に粒度の細かい監視と最適化ができるようになるため、サプライチェーン・マネジメントを根本的に変えることになるだろう。製造業やインフラ業界、ヘルスケア業界など、すべての産業で、業界のあり方そのものを変革するような影響を受ける。

ＩｏＴのなかでも普及している応用例として、遠隔監視を考えてみよう。いまではどのような容器や小包、パレットにもセンサーや送信機、ＲＦＩＤ（無線自動識別）タグを取り付けることができるようになった。これらは企業がサプライチェーン上の動きを追跡し、稼働状況や利用状況などを把握するのに使われている。顧客も同様に小包や書類の配送状況を継続的に（リアルタイムで）追跡することができるようになった。長く複雑なサプライチェーンを運用している会社にとって、これは画期的なことだ。近い将来に同様の監視システムが人間の移動や追跡に使われる。

デジタル革命は、個人と制度や関係機関との関わりや協力を大きく変える、まったく新しいアプローチを創出している。たとえば「分散型台帳」といわれることが多いブロックチェーンは、コンピューターのネットワークが集合的に取引を検証してから、その取引を記録し、承認を得ることができる安全なプロトコルである。ブロックチェーンのテクノロジーは、互いを知らない人々(信頼の根拠がない人々)同士が、中立的な中央機関(証券保管機関や集中管理機関の取引履歴)にいちいち問い合わせなくても協力できるようにする信頼を創出するものだ。要するに、ブロックチェーンとはプログラム化と暗号化された共有の取引台帳であり、どんなユーザーでも改変できず、誰もが正当性を検査できるものだ。

ブロックチェーンの応用としてビットコインが最もよく知られているが、この技術の使い道は無数に生み出されることだろう。いまブロックチェーン・テクノロジーを使ってビットコインのようなデジタル通貨の金融取引を記録しているが、将来これを出生・死亡証明書、所有権登記、結婚許可証、学位、保険金請求、診療、投票など、コード表示できるあらゆる取引の記録技術として応用できるだろう。一部の国や機関はすでに、ブロックチェーンの可能性を調査している。たとえば、すでにホンジュラス政府は不動産登記に応用しており、マン島は会社登記で試験運用している。

より大規模な現象として、テクノロジーによって支えられたプラットフォームにより、いわゆるオンデマンド経済(シェアリング経済)が可能になった。こうしたプラットフォームは、スマートフォンで簡単に利用でき、人と資産、データを集め、まったく新しい商品・サービスの消費方法を生み出している。それらは企業や個人が富を生み出す障壁を低くし、アマチュアとプロの環境を変えるものだ。

ウーバーは、こうしたテクノロジー・プラットフォームの破壊力を典型的に示している。これらのプラットフォーム・ビジネスは急速に拡大し、クリーニングからショッピング、家事サービス、駐車場サービス、ホームステイ、長距離の相乗りまで新しいサービスを提供している。これらに共通するのは、プラットフォームから利用者に信頼の種がまかれているという一点だ。非常に利用しやすい（低コストな）方法で需要と供給のマッチングを行い、消費者に多様な商品を提供し、双方の当事者が相互に交流しフィードバックを行えるようにすることによって、それを実現している。これは十分活用されてこなかった資産、いいかえればこれまで自分が供給者だと考えたことがなかった人々に帰属する資産（自動車の空き座席、家の予備の寝室、小売店とメーカーの商取引、配送や住宅修繕、事務作業のようなサービスを提供する時間や技能）を効果的に活用できるようにするものだ。

オンデマンド経済は、根本的な疑問を提起している。所有するに値するのは、プラットフォームなのか、それとも資産そのものなのか、という問いだ。メディアストラテジストのトム・グッドウィンは、二〇一五年三月、テッククランチに次のように書いた。「世界最大のタクシー会社であるウーバーは、車輌を所有していない。世界で最も人気のあるメディアを所有しているフェイスブックは、コンテンツを作っていない。最も時価総額の高い小売店であるアリババは、在庫を持たない。さらに、世界で最も多くの宿泊施設を提供しているエアビーアンドビーは、物件を所有していない」（原註9）。

デジタル・プラットフォームは、個人や組織が使用する資産を共有したり、サービスを提供したりする際に生じる取引コストを劇的に減らしている。各取引は関係者全員の経済的利益に応じて、非常に細かくそれぞれの取り分に分けることができる。さらに、デジタル・プラットフォームを使うと、それぞれ新たな製品、商品またはサービスの生産に関する限界費用がゼロに近づく傾向がある。この傾向が持つビジネスと社会にとって劇的な意味合いについては、3章でさらに詳しく検討しよう。

生物学的なメガトレンド

生物学分野（とくに遺伝学）のイノベーションは驚異的というほかない。ここ数年、遺伝子配列解析のコストとハードルの低下、さらに最近では遺伝子の発現の制御や、遺伝子情報の編集といった分野でかなりの進展が見られた。ヒトの全遺伝子情報を解析するヒトゲノム計画の完了には、一〇年を超える歳月と二七億ドルの費用がかかったが、今日、遺伝子配列解析はわずか数時間で行うことができ、費用も一〇〇〇ドル未満で済む(原註10)。コンピューターの演算能力の向上により、研究者は試行錯誤を行う必要がなくなり、遺伝子変異が特定の形質や疾病を引き起こした経緯の分析に専念できるようになった。

次のステップは、合成生物学だ。合成生物学により、DNAを書き換えて臓器をカスタマイズすることができるようになる。ここで提起される重大な倫理的問題はさておき、これらの進歩は医学だけでなく、農業やバイオ燃料生産にも深い直接的な影響をおよぼすだろう。

心臓病からガンまで難治性疾患の多くに遺伝的要因が関わっている。通常の診断で用いられる遺伝子配列解析装置により各個人の遺伝子構造を効率的かつ低コストで判断できるようになれば、最適な個別化医療への大変革となる。医師は患者ごとのガン細胞の遺伝子構造を知ったうえで、治療方針を下せるようになる。

遺伝子マーカーと疾患との関連性はまだよくわかっていないが、データが増えればプレシジョン医療が可能になり、治療効果を高めるような高度な標的療法を展開できるようになる。すでにＩＢＭのスーパーコンピューター「ワトソン」は、ほぼ完璧な最新医学知識データベースと、ガン患者の病歴や治療歴、検査結果、遺伝子データとを比較し、患者のための個別化治療をわずか数分で提言してくれる(原註11)。

生物を「編集」する能力は事実上どのような細胞型にも応用可能で、遺伝子を組み替えた動植物の作製や、ヒトを含む成体の細胞の組み換えができる。現代の技術は一九八〇年代の遺伝子工学に比べて正確性と効率性が向上し、使いやすいものになっている。科学の進歩は速いため、いまや技術面の制約は法規面や倫理面の制約ほどではない。たとえば動物の遺伝子を組み替えて、経済的なエサで育つようにしたり、生育地の条件に適したエサで飼育できるようにしたり、極端な温度や干ばつにも耐えられる作物を作製したり、この技術の応用先は事実上無限にある。

遺伝子工学研究の進歩（たとえば、ゲノム編集・治療における「クリスパー・キャス９」の開発）に伴い、効果的なデリバリーや特異性の制約は克服されたが、最も難しい倫理的な問題が一つ残されている。それは、ゲノム編集が医学研究や医療にどのような大変革をもたらすのか、である。動物と植物については医薬品やその他の治療法を生み出すための遺伝子操作が原則として認められているといえる。ウシの遺伝子を操作し、血友病患者のために血液凝固成分を含むミルクを産出させるようにするのは、遠い将来のことではないだろう。研究者はすでに、人体への移植用臓器を作るために、ブタの遺伝子操作を開始している（異種間移植は人体の免疫拒絶反応と動物からヒトへの疾患の伝播という二つのリスクを理由にこれまでは実現不可能だった）。

第四次産業革命では異なるテクノロジーが融合し、補強し合うという点についてすでに述べたが、3Dプリンタとゲノム編集はその一例である。この二つのテクノロジーを組み合わせたバイオプリンティングという技術は組織の修復と再生を目的としており、成体組織の作製ができる。バイオプリンティングはすでに、皮膚、骨、心臓、血管組織の作製に利用されている。そのうち肝臓の細胞層を3Dプリンタで成形した移植用臓器が使用されるようになるだろう。

私たちの活動レベルと血液化学が自宅や職場での幸福感や心の健康、生産性とどう関連しているかを測定する装置を埋め込んだり、使用したりする新しい方法の開発が進んでいる。さらに、人間の脳の機能について非常に多くのことが解明されており、ニューロテクノロジーの分野では興味深い開発も行われている。このことは、過去数年間に世界で最も資金が投じられた研究プログラムのうち二つが脳科学であることからも明らかだ。

生物学の領域には、社会規範と適切な規制の整備という点で最も大きな問題があると思う。私たちはこれまでにない新しい問題に直面している。人間である証とは何か。身体や健康に関するデータと情報はどこまで他人と共有できるのか、また共有されるべきなのか。将来世代の遺伝子情報そのものを変更するということになったとき、私たちにはどのような権利や責任があるのか。

ゲノム編集の問題に話を戻そう。いまやかなり簡単に生きた胚の中でヒトゲノムを正確に操作できるようになったということは、特定の形質を持った、または特定の疾患に耐性のあるデザイナーベビーが将来生まれる可能性があるということだ。いうまでもなく、こうした可能性がもたらす機会と問題について議論が重ねられている。とくに注目に値するのは、二〇一五年一二月に、米国科学アカデミーと米国医学アカデミー、中国科学院、英国王立協会が「ヒトゲノム編集に関する国際会議」を開催したことだ。こうした協議にかかわらず、私たちは、最新の遺伝子技術の差し迫った現実と影響に対峙する準備ができていない。遺伝子技術がもたらす社会的、医学的、倫理的、心理的問題は、相当なものであり、解決するか、せめて適切に対処する必要がある。

発見のダイナミクス

イノベーションは複雑な社会的プロセスであり、必ず起こるものではない。これまで世界を変える力を持つ広範な技術的進歩を取り上げてきたが、そうした進歩を継続し、最善の結果を得られる方向に進むよう留意することが重要だ。

学術研究機関は真っ先に進歩的な考え方を追究するところだと思われているが、今日の大学では研究者のキャリア重視の姿勢や研究資金の条件により、大胆で革新的なプログラムよりも漸進的で保守的な研究のほうを好む傾向がある（原註12）。

大学における研究の保守化への対抗策としては、もっと商業的な研究を奨励することだ。しかし、それにも問題がある。二〇一五年に、ウーバーは研究委託先だったカーネギーメロン大学から四〇名のロボット技術の研究者と科学者を引き抜いた。科学者たちが所属していた研究所は人材の大部分を失ったことで研究能力が低下し、国防総省や他機関との契約履行に支障が生じた（原註13）。

画期的な基礎研究と革新的な技術への応用を大学と企業の双方が取り組むように促すために、政府は野心的な研究プログラムに対してもっと積極的に資金を配分すべきだ。同様に、全体の利益を考えた形で、知識と人的資本を強化する官民の研究協力体制を拡充すべきだろう。

ティッピング・ポイント

メガトレンドを総論で語ると抽象的に思えるが、すでに非常に実用的な用途や進歩が生み出されている。

二〇一五年九月に公表された世界経済フォーラムの報告書は、将来のデジタルでハイパーコネクティビティな世界を形成する「二一のティッピング・ポイント」（特定の技術的変革が社会の主流を転換させる瞬間）を明らかにしている（原註14）。それらのティッピング・ポイントはすべて、今後一〇年以内に起きると予想されており、第四次産業革命が引き起こしたディープシフトを鮮やかに捉えている。ティッピング・ポイントは、世界経済フォーラムの「ソフトウェアと社会の未来に関するグローバル・アジェンダ・カウンシル」(Global Agenda Council on the Future of Software and Society)が行った調査により明らかにされたものだ。この調査には、情報通信テクノロジー分野の八〇〇名を超える企業役員や専門家が参加した。

表1は、二〇二五年までに当該ティッピング・ポイントが起きると予想した回答者のパーセンテージを示している(原註15)。巻末の付章では、各ティッピング・ポイントとそのプラスの影響およびマイナスの影響を詳しく述べた(付章には表1にはないデザイナーベビーとニューロテクノロジーが追加してある)。

これから待ち受ける大きな変化の先触れであるこれらのティッピング・ポイントは、私たちに重要な背景情報を提供してくれるとともに、最善の準備・対応方法も示してくれている。これらのティッピング・ポイントは体系的な性質を持つので、変化は増幅される傾向がある。次章で検討するように、こうした変革を突き進むためにまずしなければならないのは、現在進行中の転換と今後起こる転換を理解することに加え、グローバル社会の全レベルに対する影響を認識することである。

表１：2025 年までに起きると予想されるティッピング・ポイント　（単位：%）

10％の人々がインターネットに接続された服を着ている	91.2
90％の人々が容量無制限の無料ストレージ（広告付）を保有している	91.0
１兆個のセンサーがインターネットに接続される	89.2
米国で最初のロボット薬剤師が登場する	86.5
眼鏡の 10％がインターネットに接続されている	85.5
80％の人々がインターネット上にデジタルプレゼンスを持っている	84.4
３Ｄプリンタによる自動車第１号の生産	84.1
政府が初めて国勢調査の代わりにビッグデータの情報源を活用する	82.9
体内埋め込み式携帯電話の販売開始	81.7
消費財の５％が３Ｄプリンタで生産されたものになる	81.1
人口の 90％がスマートフォンを使用	80.7
人口の 90％がインターネットに常時アクセス	78.8
米国の道路上の全車輌の 10％が自動運転車になる	78.2
３Ｄプリンタ製の肝臓の初移植	76.4
法人の会計監査の 30％を AI が実施	75.4
政府がブロックチェーンを介して初めて税金を徴収	73.1
インターネットトラフィックの 50％超が家電製品とデバイス用	69.9
自家用車ではなくカーシェアリングによる移動や旅行が世界的に増加	67.2
人口５万人を超える都市で初めて信号機が廃止される	63.7
世界 GDP の 10％ がブロックチェーンのテクノロジーで保管される	57.9
企業の取締役会に AI マシンが初登場	45.2

出典：*Deep Shift – Technology Tipping Points and Societal Impact,* Global Agenda Council on the Future of Software and Society, World Economic Forum, September 2015.

3章

経済、ビジネス、国家と世界、社会、個人への影響

進展中の技術革命の規模と広がりは、驚異的規模で経済的、社会的、文化的な変化をもたらす。しかもほぼ予測不能だ。だが本章では、第四次産業革命がもたらす経済、ビジネス、政府、国家・社会、個人への潜在的影響の説明と分析を行おう。

これらすべてに最大の影響をおよぼすとされるものの一つに、エンパワーメント（権限移譲）が挙げられる。政府機関と市民はどのようにうまく折り合えるのか。企業と従業員は？　企業と株主、企業と顧客、超大国と小国の関係はどうなるのか？　第四次産業革命によって既存の政治的、経済的、社会的モデルが破壊され、分散化した権力体系に移行する。権限移譲された当事者が成功するためには、自らが分散化した権力体系の一部であると認識し、協調的な相互交流をする必要がある。

経済への影響

第四次産業革命は世界経済に重大な影響をおよぼす。その巨大で多面的な性質ゆえに、特定の効果のみを単独で論じることは困難である。実際、重要なマクロ変数（ＧＤＰ、投資、消費、雇用、貿易、インフレなど考えられるすべて）は残らず影響を受けるだろう。そこで私は最も重要な二つの側面

——成長（生産性が主要な長期的決定要因）と雇用のみを取り上げることにする。

成長

第四次産業革命が経済成長におよぼす影響は、エコノミストの間でも意見が分かれるところだ。科学技術に対して悲観的な人は、デジタル革命がもたらした経済への重要な寄与と生産性に対する影響はすでに終わったと主張する。逆に科学技術に対して楽観的な人は、技術と革新は変曲点にあり、やがて生産性の著しい向上とさらなる経済成長をもたらすと主張する。

両陣営が主張する各種側面には同意するが、私自身は昔から現実的な楽観主義者である。私は、テクノロジーが潜在的なデフレ効果（「よいデフレ」と呼ばれるときもある）を有し、その分配効果は労働ではなく資本にメリットをもたらし、賃金（と消費）の圧迫にもつながり得るということを十分に理解している。また、第四次産業革命によって、多くの人々はより安価でより多くの消費が可能になる。また往々にして、その消費は持続可能な消費、責任ある消費になる。

第四次産業革命が成長におよぼす潜在的影響については、昨今の経済動向と成長に寄与している他要素を考慮しながら状況を捉えることが肝要だ。二〇〇八年に始まった世界金融危機前の数年間を振り返ると、世界経済は年率約五％で成長していた。この成長率が続いていたとすれば世界全体のGDPは一四年から一五年ごとに二倍になり、数十億の人々が貧困から脱却していただろう。

経済危機の直後には、世界経済がいずれ過去の高成長パターンに回帰するとの期待が広がっていたが、現実はそうならなかった。世界経済は戦後平均（年率約三～三・五％）よりも低い成長率で停滞しているように思われる。

エコノミストのなかには「一〇〇年続く不況」になる可能性を指摘したり、大恐慌時代にアルビン・ハンセンが考案した「長期的停滞」について論じたりしている。「長期的停滞」はラリー・サマーズとポール・クルーグマンが口にしたことで話題となっているが、需要が持続的に落ち込み、金利をほぼゼロにしても改善不能な状況を指す。この説の真偽は学界でも意見が分かれるところだが、もしこの説が正しければ世界のＧＤＰの成長がさらに落ち込む可能性があるという重大な推測が成り立つ。世界全体のＧＤＰの年間成長率は二％に落ち込むという極端なシナリオも考えられ、そうなると世界全体のＧＤＰが二倍になるには三六年かかることになる。

今日の世界的な成長鈍化の原因に関しては、資本配分の誤り、過剰債務、人口動態の変化といった多くの説が存在する。ここからは、とくに技術進歩と関連性が高い「高齢化」と「生産性」という二点を考察していこう。

高齢化

世界人口は現在の七二億人から二〇三〇年までに八〇億人、二〇五〇年までに九〇億人に達すると予想されている。これは総需要の増加につながるはずだが、もう一つの劇的な人口動態の動向も生みだす。高齢化だ。

一般には、高齢化の影響を受けるのは主に豊かな欧米諸国だと考えられている。だが、それは正しくない。世界の多くの地域で出生率が人口置換水準以下に低下しており、欧州だけでなく、南米およびカリブ海諸国の大半、中国やインド南部を含むアジアの大半、さらにレバノン、モロッコ、イランなどの中東および北アフリカの一部諸国でも出生率の低下が見られる。

高齢化は経済問題である。高齢者を労働力として貢献可能にすべく大幅な定年の引き上げ（多くの経済的利益をもたらす経済的緊急課題）を行わないかぎり、労働年齢人口の減少と扶養高齢者の増加が同時に起きるからだ。高齢化が進み、若年成人が減少するにつれ、住宅や家具、車、電化製品など高額商品の購入は減少する。さらに、高齢労働者は持てる資産を新規事業の立ち上げではなく快適な老後のために維持する傾向にあるため、リスクを取って起業する人が減るだろう。これは定年後にこれまでの蓄えを引き出す人々とほぼ等しくなり、全体としては貯蓄率と投資率の減少となる。

無論、高齢化社会が進むにつれてこうした習慣やパターンは変わる可能性もあるが、一般的傾向として、高齢化社会では技術革命が生産性の大幅な向上をもたらさないかぎり（さらに懸命に働くのではなくスマートな働き方を見つけないかぎり）、成長は鈍化する運命にある。

第四次産業革命によって、私たちはより長く、より健康に、より活動的な生活を送れるようになる。先進国は今日生まれた子供の四分の一以上が一〇〇歳まで生きると予想されるような社会になっているため、労働年齢人口、定年、個人の生活設計といった問題を再考する必要があるだろう（原註16）。だがこれらの問題に取り組もうとしている多くの国々は、困難に直面している。私たちが変化の力を適切かつ積極的に認める準備ができていないからだ。

生産性

過去一〇年間、技術進歩やイノベーションへの投資の飛躍的な伸びにかかわらず、世界の生産性（労働生産性または全要素生産性［TFP］）は低迷したままだった（原註17）。生産性パラドックス――技術革新は生産性向上につながっていないとする認識――を体現した最新事例といえるこの点は、世界金融危機以前から存在する現代社会の最も大きな経済的な謎の一つであり、納得のいく説明はまだなされていない。

米国の例を見てみよう。米国の労働生産性は一九四七年から一九八三年には年率二・八％、二〇〇〇年から二〇〇七年には年率二・六％でそれぞれ成長していたが、二〇〇七年から二〇一四年は年率一・三％の成長だった（原註18）。こうした落ち込みの主因はTFPの低迷だった。TFPは効率に対する技術進歩とイノベーションの貢献度を測るものとして最も一般的だ。米労働統計局によれば、二〇〇七年から二〇一四年のTFP成長率はわずか〇・五％で、一九九五年から二〇〇七年の年間成長率一・四％と比較すると大きく落ち込んでいる（原註19）。実質金利は五年近くもほぼゼロにもかかわらず、米国の大企業五〇社は一兆ドル以上の現金資産を蓄えていることを考えると、こうした生産性実測値の低下は非常に厄介な問題といえる（原註20）。

生産性は長期的な成長と生活水準の向上の最も重要な決定要素なので、第四次産業革命を通じてこの生産性の低さが維持されると、長期的成長も生活水準向上のいずれも享受できないということになる。飛躍的な技術進歩とイノベーションが生産性を高める傾向があると予想されているなかで、生産性の低下を示すこのデータはどう解釈すべきだろうか？

一つの根本的な議論として、生産性を計算するうえで用いる投入量（インプット）と産出量（アウトプット）の測定という課題がある。第四次産業革命によってもたらされる革新的な製品やサービスは機能や品質の点で従来品を凌駕しているが、私たちが伝統的に測定対象としていた市場と根本的に異なる市場で提供されている。新しい製品やサービスの多くは「非競合性」があり、限界費用ゼロ、デジタル・プラットフォームをベースとした競争の激しい市場、そしてそれらがもたらす低価格を特徴としている。こうした状況下では消費者余剰は総売上または利益増に反映されないため、従来の統計データは価値の実質的増加を把握することができないのも当然といえる。

グーグルのチーフエコノミストであるハル・バリアンは、モバイルアプリ経由でのタクシー手配やオンデマンド経済を利用したカーレンタルに見られる効率向上などのさまざまな例を挙げている。それら以外にも、効率と生産性を向上させるであろう類似サービスは数多くある。だが基本的にそれらが無料であるため、家庭や職場へもたらす価値が計測不能になっている。つまり、あるサービスで提供された価値と、国家の統計で測定された成長との間に矛盾が生じている。これはまた、経済指標が示すよりもさらに効率的な生産および消費が実際には行われていることも示唆している（原註21）。

また別の議論として、第三次産業革命による生産性向上の伸び代が消えつつある一方で、世界はまだ第四次産業革命の中心で生み出される新たなテクノロジーがもたらす生産性の劇的な向上を経験していないというものがある。

事実、私は現実的楽観主義者として、世界は第四次産業革命がもたらし得るよい影響を享受しはじめたばかりだと痛切に感じている。その楽観主義の根拠は、以下の三つの要因だ。

第一に、第四次産業革命は二〇億人の満たされていないニーズを世界経済に結びつける機会をもたらし、さらに世界中の個人とコミュニティを権限移譲によって相互に結びつけることで既存の製品やサービスに新たな需要を生み出す。

第二に、第四次産業革命によって私たちが負の外部性に対処する能力は著しく向上し、その過程で潜在的経済成長が引き出される。負の外部性の代表といえる炭素排出を例にしよう。つい最近まで、グリーン投資は政府機関による多額の補助金があって初めて魅力的なものとなったが、状況は変わりつつある。再生可能エネルギー、燃料効率、エネルギー貯蔵に関する急速な技術進歩は、これら分野への投資の採算性向上とそれを通じたGDP成長率アップだけでなく、私たちが抱える地球規模の大きな課題の一つである気候変動緩和にも貢献している。

第三に、次の項で説明するが、私が話を聞いた企業、政府機関、市民社会のリーダーたちは皆、各自の組織をデジタル機能がもたらす効率を存分に享受できる組織へ変革させようと腐心している。私たちは第四次産業革命のごく初期段階にあり、その価値を存分に享受するためにはまったく新しい経済的および組織的構造が必要となる。

実際、私は第四次産業革命経済の競争ルールは従来のものと異なると見ている。競争力を維持するには、企業も国もあらゆる形で革新の最先端を走る必要がある。コスト削減を主眼とする戦略は、より革新的な方法で製品・サービスを提供する戦略よりも有効ではないだろう。今日見られるように、大企業は他業界や外国から台頭してくる秩序の破壊者や革新者から強烈な突き上げを受けている。これと同じことが、イノベーション・エコシステム構築に注力する必要性を認識しない国家にも当てはまる。

以上をまとめると、構造的要因（過剰債務、高齢化社会）と体系的要因（プラットフォームおよびオンデマンド経済の導入、限界費用逓減の妥当性増加など）の組み合わせは、経済学の教科書の書き直しを迫るだろうと信じている。第四次産業革命は、経済成長を推進し、私たち全員が直面している地球規模の大きな課題のいくつかを緩和させる可能性を秘めている。だが、私たちは第四次産業革命がもたらし得る悪影響——とくに不平等、雇用、労働市場への悪影響——を認識し、対処する必要がある。

雇用

技術が経済成長に対してよい影響をおよぼす可能性があるとはいえ、労働市場における短期的な潜在的悪影響には少なくとも対処する必要がある。技術が仕事に与える悪影響への不安は、いまに始まった話ではない。一九三一年、経済学者のジョン・メイナード・ケインズは「労働力の新たな活用法を見つけるペースを上回る労働力の効率的利用法の発見」を原因とする、広範囲の技術的失業に関して有名な警句を発した(原註22)。当時は誤りだったこの警句が、現在では真実に変わったとしたらどうだろうか。ここ数年、この議論が再燃している。コンピューターが簿記係、レジ係、電話交換手をはじめとする多くの仕事を代替している証拠があるからだ。

新たな技術革命が過去の産業革命よりも大変革を引き起こす理由は「はじめに」で指摘したとおりだ。スピード(あらゆることの発生スピードが加速)、拡大と深化(非常に多くの劇的な変化が同時発生)、システム全体の全面的変革、である。

これらの推進要因を踏まえて、たしかなことが一つある。それは、新たな技術が労働の性質を劇的に変える、ということだ。それはあらゆる産業と職業で起きる。根本的な不確実性は、自動化が労働を代替する程度で変化する。どれくらいの期間続き、どこまで広がるのだろうか。

この点を把握するには、技術が雇用にもたらす二つの競合効果を理解する必要がある。第一に、技術がもたらす混乱と自動化は労働の代わりに資本を用いるという破壊効果があり、労働者は失業者になるか、スキルの再配分を余儀なくされる。第二に、こうした破壊効果は新たな製品やサービスに対する需要を増加させ、新たな職業、ビジネス、さらに産業の創出につながるという資本化効果を伴う。

私たち人間には、適応と創意工夫という驚くべき能力が備わっている。しかし、ここでは資本化効果が破壊効果に取って代わる時期と程度と、自動化による代用が起きる速度が重要となる。

エマージングテクノロジーが労働市場におよぼす影響に対する見方には、大きく分けて二つの陣営がある。一つはハッピーエンドを信じる人々だ。技術により職を失った労働者が新たな仕事を見つけ、技術が新たな繁栄の時代をもたらすと考えている。もう一つは、大規模な技術的失業の発生により段階的に社会的、政治的なハルマゲドンに至ると信じる人々だ。歴史を紐解くと、結果はその中間になる可能性がある。問題は、その過渡期によりよい前向きな成果を生み出し、困難に直面した人たちを助けるために何をすべきか、ということだ。

技術革新というものは、一部の仕事を奪う一方、別種の新たな仕事を生み出すものだ（地理的に離れた場所で生み出されることもある）。農業を例にしよう。一九世紀初頭の米国では農業従事者が労働人口の九〇%を占めていたのに対し、現在では二%未満となっている。こうした劇的な削減は比較的スムーズに行われ、社会的混乱や特定地域における失業も最低限に留まった。

アプリ経済圏は、新たな職業のエコシステムの例だろう。これはアップルの創業者、スティーブ・ジョブズが外部の開発者によるｉＰｈｏｎｅアプリ開発を認めた二〇〇八年に誕生したばかりだ。二〇一五年半ばまでに、世界のアプリ経済は売上高一〇〇〇億ドルを突破し、一〇〇年以上の歴史を誇る映画業界を越えると予想されている。

科学技術に楽観的な人たちは、「過去を振り返れば、今回は特殊ではない」という。彼らは技術が破壊的であり得ると認めつつ、技術が常に生産性向上と富の増加をもたらし、製品やサービスに対するさらなる需要と、それを満たすための新たな種類の仕事を生み出すと主張している。人間のニーズと欲望は無限なので、それらの供給プロセスも無限のはずであり、景気後退期や突然の不況を除き、誰にでも何かしらの仕事は存在するだろう、というのが彼らの議論の骨子だ。

この議論を裏づけるどんな証拠があり、私たちの前途には何が待っているのだろうか。初期の兆候が指し示しているのは、多くの産業と職種で、今後数十年間に労働代替的なイノベーションの波が発生するだろうということだ。

労働代替

多くの種類の労働がすでに自動化されており、とくに機械的反復と精緻な手作業を伴う労働が先んじている。今後、演算能力が飛躍的に向上しつづけるにつれ、その他多くの労働も追随すると見られる。大半の予想より早く、弁護士、金融アナリスト、医師、記者、会計士、保険業者、図書館司書といったさまざまな職業の労働も、部分的または完全に自動化されるかもしれない。

いまのところの兆候として、第四次産業革命では過去の産業革命時よりも新産業で生み出される仕事が少なく終わりそうだ。「テクノロジーと雇用に関するオックスフォード・マーティン・プログラム」の推計によれば、米国の労働人口のわずか〇・五％が今世紀の変わり目には存在しなかった職業に就いている。一九八〇年代に労働人口の約八％が新産業で生まれた職業に就いており、一九九〇年代には同約四・五％だったので、二一世紀初頭のこの数字は少ない。これを裏づけているのが、技術と失業の興味深い関係性を浮き彫りにした直近の米経済国勢調査だ。この調査によると、情報技術の革新とその他の破壊的技術は、製造にさらなる労働力を必要とする新たな製品を生み出すのではなく、既存労働者を代替して生産性を向上させる傾向にあるという。

オックスフォード大学マーティンスクールの研究者兼エコノミストのカール・ベネディクト・フライと機械学習を専門に研究するマイケル・オズボーンは、技術革新が失業におよぼす潜在的影響を数値化している。二人は自動化される可能性に応じて七〇二種類の職業を、自動化されるリスクの最も低い職業（リスクがまったくない場合は「0」）から最も高い職業（コンピューターなどで代替される一定のリスクのある仕事を「1」）までで順位づけしている(原註23)。表2は、自動化される可能性が最も高い職業と最も低い職業をまとめたものだ。

この研究は、米国における全雇用の約四七％が今後一〇～二〇年間に消滅するリスクがあると結論づけた。これは過去の産業革命時に起きた労働市場の変化よりはるかに速いペースで、さらにより広範囲だ。さらにこの傾向は、今後の労働市場をさらなる二極化に導き、高収入の認知的・創造的職業と低収入の単純労働では雇用が増加する一方、中所得の機械的・反復的職業は大幅に減少するだろうと予測している。

興味深いのは、こうした代替を推進しているのはアルゴリズムやロボット、その他の非人的資産の能力向上だけではないことだ。マイケル・オズボーンは自動化が可能になる背景として、昨今の企業がアウトソーシングやオフショアリング、または「デジタルワーク」（クラウドソーシングのマーケットプレイスであるアマゾンの「メカニカル・ターク［Mターク］」などのサービス）を利用するための作業の一環として、仕事の明確な定義および単純化を推進していることを挙げている。こうした単純化によって、アルゴリズムが人間の代わりとして十分機能するようになる。個別かつ明確に定義

表２：自動化されるリスクが最も低い職業／最も高い職業の例

自動化されるリスクが最も高い職業

可能性	職業
0.99	テレマーケター（電話営業員）
0.99	税務申告書作成業
0.98	保険査定人（自動車損害）
0.98	審判、レフェリー、その他スポーツ関係者
0.98	弁護士秘書
0.97	飲食店員（レストラン、ラウンジ、喫茶店）
0.97	不動産仲介業
0.97	農作業請負業
0.96	秘書、管理アシスタント（法律関係、医療、経営幹部を除く）
0.94	宅配業者、メッセンジャー

自動化されるリスクが最も低い職業

可能性	職業
0.0031	精神科ソーシャルワーカー、薬物乱用担当ソーシャルワーカー
0.0040	振付師
0.0042	内科医、外科医
0.0043	心理学者
0.0055	人事担当マネジャー
0.0065	コンピューターシステムアナリスト
0.0077	人類学者＆考古学者
0.0100	船舶機関士、造船技師
0.0130	セールスマネジャー
0.0150	最高経営責任者

出典：Carl Benedikt Frey and Michael Osborne, University of Oxford, 2013

された業務は、より高度な測定と高品質なデータにつながり、アルゴリズムを設計するよりよい基礎となる。

自動化と機械による代替現象を考えるうえでは、技術が雇用にもたらす影響や仕事の未来について偏った考えに陥らないようにすべきだ。フライとオズボーンの調査が示すように、第四次産業革命は世界中の労働市場と職場に大きな影響をおよぼすことはほぼ不可避である。しかし、これは人間対機械というジレンマに直面することを意味するものではない。実際、大多数のケースでは、現在の変化を推進しているデジタル技術と物理的技術と生物学的技術との融合は、人間の労働および認知の拡大に寄与すると見られている。これは、リーダーは労働者に対して、より優れた機能を持つネットワークに接続されたインテリジェントな機械を使って作業する心構えと、教育モデルを開発する必要があることを意味している。

スキルに対する影響

近い将来において、自動化されるリスクが低い仕事は社会的スキルや創造的スキルを必要とする仕事、とくに不確実性の下での意思決定や斬新なアイデアの開発といえるものになるだろう。

しかし、これは長続きしないかもしれない。最も創造的な職業の一つである文筆業と文章自動生成の出現を考えてみよう。高度なアルゴリズムは、特定の読者層に適切な、いかなるスタイルの文章も創造可能だ。ロボットは人間のように書くので、「人間とロボットのどちらが書いているか」を問うニューヨーク・タイムズ紙のクイズを読んでも区別がつかない。技術の進歩は著しく、文章自動生成に特化した企業、ナラティブ・サイエンスの共同創業者のクリスチャン・ハモンドは、二〇二〇年代半ばまでにニュースの九〇％は人間の介在をほとんど必要としないアルゴリズムで生成されるようになると予想している（もちろんアルゴリズムの設計自体は除く）（原註24）。

このような急激な進化を遂げる労働環境では、適応に必要な知識やスキルを身につけるためにも、将来の雇用のトレンドとニーズを予想する能力があらゆるステークホルダーにとって重要となる。雇用のトレンドは産業や地域によって異なるため、第四次産業革命がもたらす結果を産業や国ごとに理解することが重要だ。

世界経済フォーラムの「職業の将来性レポート」(*Future of Jobs Report*) では、一〇業界、一五カ国で活躍する大企業の最高人事責任者に対し、二〇二〇年までの雇用、業務、スキルに対する影響について質問した。図1が示すように、二〇二〇年には身体能力やコンテンツスキルよりも、複雑な問題解決や社会的スキル、システムスキルの需要がさらに高まるという。同レポートによれば、今後五年間は重要な過渡期となるという。全体的な雇用見通しは横ばいながら、産業内では仕事の激動、大半の職業においてスキルの激動があるとしている。ほとんどの職業において賃金とワークライフバランスのわずかな改善がある一方、調査を行った業界の半分で雇用確保は悪化すると予想されている。さらに、労働者に対する影響も男女で異なり、男女不平等が悪化する可能性があることが明らかになっている（「コラムＡ：ジェンダー・ギャップと第四次産業革命」を参照）。

図1：2020年のスキル需要

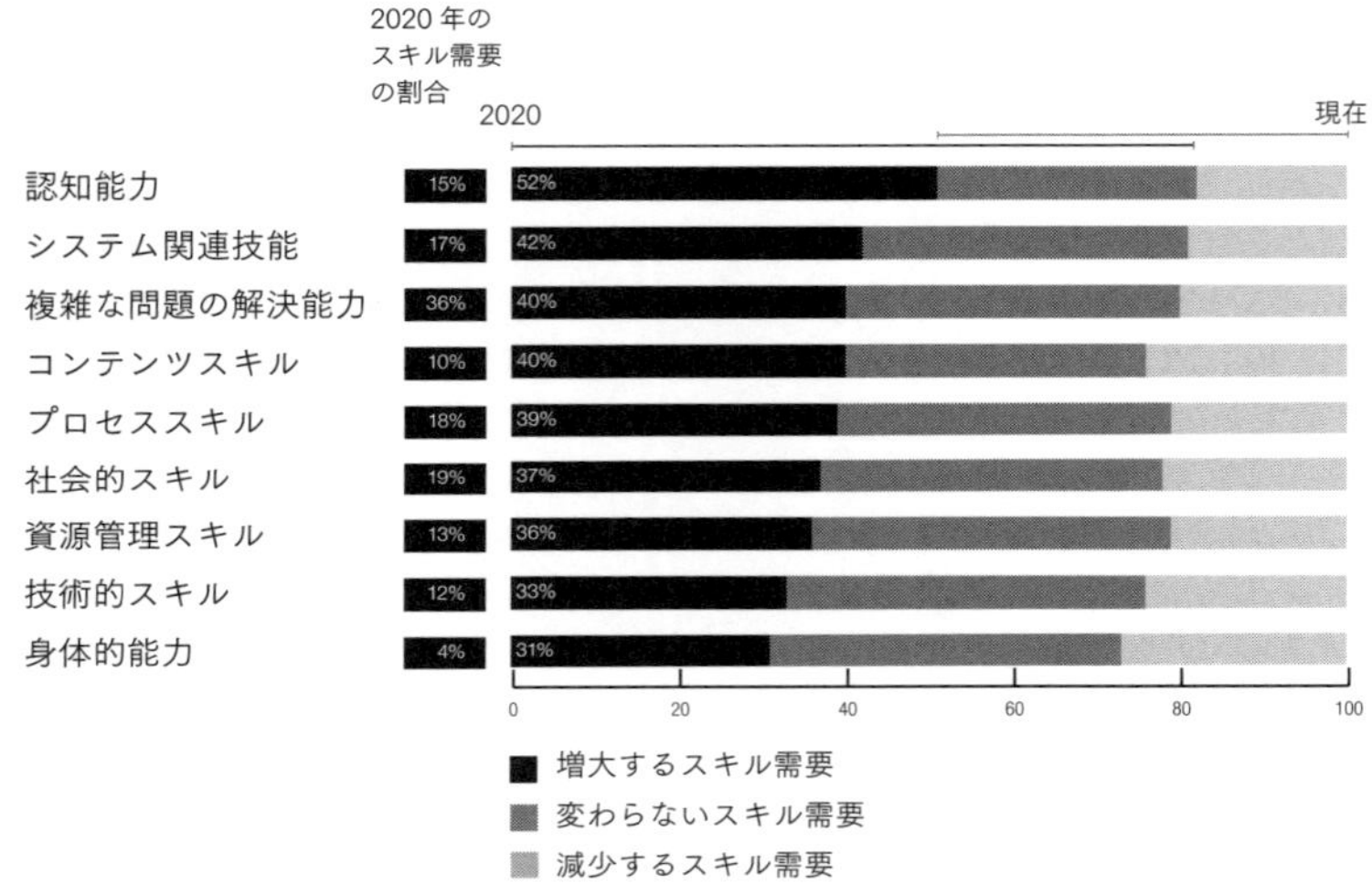

出典：*Future of Jobs Report*, World Economic Forum

COLUMN A

ジェンダー・ギャップと第四次産業革命

一〇冊目を数えた世界経済フォーラムの「グローバル・ジェンダー・ギャップ・レポート2015」（*Global Gender Gap Report 2015*）では、二つの憂慮すべき傾向が示されている。第一に、現状の進歩のペースでは、世界各国で経済的なジェンダー平等が達成されるのは一一八年後となること。第二に、ジェンダー平等に向けた進展は非常に遅く、行き詰まっている可能性があることだ。

これらの観点から、第四次産業革命がジェンダー・ギャップにおよぼす影響の考察が不可欠となる。物理的、デジタル、生物学的世界に広がる加速的な技術進歩は、経済、政治、社会における女性の役割にどのような影響を与えるのだろうか。

考察すべき重要な問題は、自動化の影響をより受けやすいのは女性中心の職業か男性中心の職業かという点だろう。世界経済フォーラムの「職業の将来性レポート」は、大幅な雇用削減はどちらのタイプでも起こり得ると指摘している。製造業、建設業、設置工事業など男性中心の分野で自動化による失業が増加する傾向が見られる一方、AIの能力向上やサービス業における業務のデジタル化が進展することで新興市場のコールセンター職（家族内で第一の働き手である多くの若年女性労働者にとっての勤務先）から先進諸国の小売・事務職（下位中流階層の女性の主な勤務先）まで、幅広い職業が不安定化する。

失業は悪影響を伴うものだが、とくに重大な問題なのが、これまで女性に対して労働市場への参入機会を提供してきた職種が全体的に大きく雇用を失うことの累積的影響だ。とくに、低スキルの女性が唯一の稼ぎ手となっている世帯の不安定化、共働き世帯での総収入低下、世界中ですでに問題となっているジェンダー・ギャップの拡大につながるだろう。

では新たな役割と職種とは何だろうか。第四次産業革命によって変貌を遂げた労働市場に、女性のためのどんな機会が生まれるのだろうか。いまはまだ存在しない産業で求められる能力やスキルを正確に説明するのは困難だが、技術システムと連携しながら設計、製造、作業できるスキルへの需要は増加すると当然予想できる。または技術革新で取り残されたギャップを埋める分野も需要が増すだろう。

コンピューターサイエンス、数学、エンジニアリング職はいまも男性中心の傾向にあり、専門的技術スキルに対する需要の増加はジェンダー不平等を悪化させる可能性がある。だが、機械では対応不能な役割や、感情移入や思いやりといった人間らしさや能力に依存した役割に対する需要は増加する可能性がある。そうした職業として、心理学者、セラピスト、コーチ、イベントプランナー、看護師、その他医療従事者などがあり、それらの多くで女性が活躍している。

ここで重要な問題となるのが、異なる技術的能力が求められる役割ごとの、時間と労力に対する相対的リターンである。人的役務やその他の現在女性が中心の職種は過小評価されたままとなるリスクがあるためだ。仮に過小評価されたままだと、第四次産業革命によって男女の役割にさらなるギャップが生まれる可能性がある。これは第四次産業革命の負の結果といえる。全体的不平等とジェンダー・ギャップの双方を増加させ、女性が才能を活用し、将来の労働力となることを一層困難にするからだ。さらに、多様性の増大から生まれる価値や、組織内のあらゆる階層で男女バランスが取れたチームが生み出す優れた創造性と効率性が企業にもたらす利益もリスクにさらされる。従来、女性や女性を中心とした職業に関連していた特性や能力の多くは、第四次産業革命の時代においてこれまで以上に必要とされると思われる。

第四次産業革命が男女それぞれにおよぼす影響は予想不能だが、私たちはこうした経済の転換期を利用して労働政策や商慣習の再設計を行い、男女双方への十分な権限移譲を徹底させる必要がある。

将来的には、第四次産業革命以外に、人口圧力、地政学的シフト、新たな社会的・文化的規範といった非技術的要素も契機となって、新たな役割や職業が数多く生み出されるだろう。現時点ではそれらについて正確に予想することは不可能だが、私は資本以上に才能が重要な生産要素になるだろうと確信している。そのため、イノベーションや競争力、成長の大きな妨げとなるのは資本の有無ではなく、熟練労働力の不足になる可能性がある。

これにより「低スキル」「低賃金で高スキル」「高収入」というセグメント化が進んだ求人市場が生まれる可能性がある。あるいは、シリコンバレーのソフトウェア起業家であり著書もあるマーティン・フォードが予想しているように、こうした変化への準備を怠れば、職業能力ピラミッドの基盤が空洞化し、不平等の拡大や社会的緊張の増加に発展する可能性がある(原註25)。

こうしたプレッシャーは、第四次産業革命の文脈における「高スキル」の意味合いの再考を余儀なくする。熟練労働に関する従来の定義は、「高度教育や専門教育の存在」と、「職業や専門分野内で定義された一連の能力」に依存していた。高まる技術変化の速度を考えると、第四次産業革命で要求され、重視される労働者の能力とは、継続的適応と多様な状況下での新スキルとアプローチの習得と思われる。

世界経済フォーラムが実施した「職業の将来性レポート」によれば、こうした変化に対する自社の人事戦略に「まあまあ自信がある」と答えた最高人事責任者は、半数未満であることも明らかになっている。より果断なアプローチを阻害しているのは、破壊的変化の本質に対して企業の理解が不足していることや、人事戦略と企業のイノベーション戦略との整合性が不足していたり、まったくなかったりすること、また資源の制約や短期的収益に対するプレッシャーなどが挙げられる。その結果、変化の規模の大きさと、企業の相対的にわずかな措置との間にミスマッチが生じている。組織に求められているのは、自社の人材ニーズに応え、社会に対する望ましくない結果を緩和する、新たなマインドセットである。

開発途上国に対する影響

開発途上国にとって、これがどういう意味を持つのかを熟慮することが重要だ。世界中には、これまでの産業革命の恩恵をいまだに受けていない人々が存在する。先進国では当たり前となっている電気、清浄な水、衛生設備、多くの資本設備を利用できない人々が大勢いる。こうした状況にもかかわらず、第四次産業革命が開発途上国に影響をおよぼすことは不可避と見られる。

いまのところ、第四次産業革命がもたらす影響の範囲は不明だ。過去数十年で国家内の不平等は拡大しているものの、国家間の格差は大幅に減少している。第四次産業革命は、収入、スキル、インフラ、金融、その他分野でこれまで見られてきた国家間格差の縮小を逆転させようとしているだろうか。あるいは、技術や急速な変化は、開発の役に立ち、発展段階を飛び越えた最先端技術を急速に普及させるのだろうか。

最先進国は自国の問題に忙殺されていたとしても、こうした難問にきちんと注意しなくてはならない。開発途上国が放置されないようにするのは道徳的責務というばかりではない。移民流入など、世界を不安定化させる地政学的リスクや安全保障上のリスクを減らすための重要な目標なのだ。

低所得国にとって厳しいシナリオの一つが、第四次産業革命による世界的な製造業の「再編」だ。先進国向けの製造業において、低賃金労働が競争力とならなくなった場合に、その現実味が高まる。コスト優位性を武器に強力な製造分野を作り出すのは発展過程の常套手段で、資本蓄積や技術移転、所得増加を可能にする。だがこの道筋が閉じられれば、多くの国々で産業化のモデルと戦略の再考が必要となる。開発途上国が第四次産業革命のもたらす機会を活用できるかどうかは、世界にとって非常に重要な問題である。必要となる戦略の理解と展開、適用についてさらなる研究と考察が不可欠だろう。

第四次産業革命で危険なのは、国家間と国家内で「勝者総取り」の力学が展開されることだ。これは社会的緊張と対立を悪化させ、社会の団結を低下させ、より不安定な世界を生み出す。とくに現代の人々は、社会的不公正や国による生活環境の違いを敏感に、かつ強く認識している。官民のリーダーたちが「市民の生活改善につながる確証ある戦略を実行している」と人々に納得させられないかぎり、社会不安や大量移民、暴力的過激主義が激化し、あらゆる発展段階の国家でリスクが発生するだろう。自分や家族を養うための有意義な労働に従事できる、と人々に確信させることがきわめて重要になる。だが、労働力への需要が不十分だったり、労働者のスキルが需要と合わなかったりした場合は、どうなるだろうか。

労働の本質

労働者と企業との関係性が「持続的」なものではなく、「一連の取引」となる世界の出現は、一五年前にダニエル・ピンクが『フリーエージェント社会の到来』で語っている(原註26)。この趨勢は技術革新によって大きく加速している。

いまやオンデマンド経済によって、私たちと労働との関係性や、それに内包される社会機構が根本的に変化している。「ヒューマン・クラウド」を活用して仕事を行う経営者が増えている。専門的な仕事が、明確な課題や個別プロジェクトに分解され、意欲的な労働者が世界各地から集まるバーチャルクラウドに託される。新たなオンデマンド経済で、労働提供者はもはや従来の意味での従業員ではなく、特定業務を遂行する個人労働者となる。ニューヨーク大学スターン・ビジネススクールのアルン・サンダララジャン教授は、ニューヨーク・タイムズ紙に掲載されたジャーナリストのファーハド・マンジョーのコラムで「将来、一部の労働者はさまざまな仕事をこなして収入を得る社会になるかもしれない。ウーバーのドライバーをしつつ、インスタカートのショッパーをしつつ、エアビーアンドビーのホストをしつつ、タスクラビットでの請負仕事をするのだ」と述べている(原註27)。

デジタル経済における企業のメリット、とくに急成長するベンチャー企業のそれは明確だ。ヒューマン・クラウド・プラットフォームが労働者を自営業者として扱うため、当面の間、企業は最低賃金や雇用税、社会保険の支払い義務を免れる。英国のMBA&カンパニーのダニエル・キャラハンCE

Oは、フィナンシャル・タイムズ紙に対して、「企業はいまやほしい人材をほしい時に、ほしい形で入手できる。そしてそれらの人材は従業員ではないので、雇用手続きや法規制に従う必要はない」と述べている(原註28)。

クラウド参加者のメリットは、「労働するかしないかの自由」とグローバル・バーチャル・ネットワークに参加することで享受できる「抜群のモビリティ」にある。個人労働者のなかには、これを多くの自由、少ないストレス、より大きな働き甲斐という理想の組み合わせが実現したと考える者もいる。ヒューマン・クラウドは誕生したばかりだが、「暗黙のオフショアリング」を引き起こしているという十分な事例証拠がある（暗黙《サイレント》というのは、ヒューマン・クラウド・プラットフォームは非上場で、データ公開の必要性もないという意味である）。

これはインターネットに接続できる個人に力を与え、需要に対するスキル不足を解決する、これまでになく柔軟で新しい労働革命の始まりなのだろうか？　あるいは、規制のないバーチャル搾取工場という不可避的な底辺への競争の始まりを告げるものなのだろうか？　結果が後者――プレカリアートの世界（さまざまな仕事をこなしながら生計を立てる一方、労働者の権利喪失に苦しみ、権利や雇用保障に関する交渉を行う労働者階級）――の場合、社会不安や政治不安の主因を生み出すのだろうか？　ヒューマン・クラウドの発展は、人間の仕事の自動化を加速するだけなのだろうか？

私たちが直面している課題は、変わりゆく労働力と進化する労働の性質に合致した、新たな形態での社会契約と雇用契約の考案である。労働市場の成長を阻害したり、人々の就労形態を制限したりしないで、ヒューマン・クラウドによる搾取というマイナス面を抑えなければならない。それらが叶わなければ、ロンドン・ビジネス・スクールの経営組織論教授であるリンダ・グラットンが『ワーク・シフト』で述べているように、第四次産業革命は「仕事の未来」の負の側面——社会における細分化、隔絶、排斥レベルの上昇——をもたらす可能性がある(原註29)。

本書を通じて述べているように、これは私たちの選択だ。すべては私たちが採る政策や組織的な意思決定にかかっている。しかし、規制による反発が起こる可能性、ひいてはプロセスに携わる政策立案者による権力の再主張や、複雑なシステムが持つ適応力の乱用につながる可能性があることを認識しておく必要がある。

目的の重要性

これが関連するのが、人材やスキルだけではないことにも留意する必要がある。大半の人々が望むように、技術によって効率は大いに向上する。しかし人々は、自分たちがプロセスの単なる一部となるのではなく、何か大きなものの一部であると感じていたいものだ。カール・マルクスは、専門化のプロセスによって、すべての人が労働に求める目的意識を低下させるとの懸念を語っている。一方で、バックミンスター・フラーは過度の専門化というリスクは「広帯域周波数の検索と受信を止めるため、万能の一般化原理のさらなる発見を妨げる」傾向にあると警告している(原註30)。

複雑さと専門化がともに増している現在、目的を持った雇用に対する欲求が大きな問題となっている。これはとくに、会社の仕事が自分の人生の意義と目的を見つけにくくしていると感じることが多い若年世代に当てはまる。境界が失われ、願望が変化している世界では、人々はワークライフバランスだけでなく、仕事と生活の調和の取れた一体化も求めている。未来の仕事において、このような充足感を得られる人は少数派に留まるのではないかと懸念している。

企業への影響

成長パターンや労働市場、職業の将来性といった、あらゆる組織に必然的に影響をおよぼす変化以上に、第四次産業革命を支える技術そのものが、企業の経営、組織体制、リソースに大きな影響をおよぼしている。この現象特有の兆候の一つは、S&P500企業の平均寿命が約六〇年から約一八年へと短くなっていることだ(原註31)。もう一つの兆候は、新規参入企業が市場を支配し、大きな売上目標を達成するのに要する時間の変化だ。フェイスブックは年商一〇億ドルを六年で達成し、グーグルはわずか五年で達成した。デジタル能力によって可能となったエマージングテクノロジーが、企業における変化の規模とスピードを加速していることは疑う余地がない。

このことは、私が世界のCEOや経営幹部と対話する際の根底にある問題意識を裏づけている。つまり、現在入手可能な情報の氾濫、破壊の速度、加速的イノベーションは理解したり、予想したりすることが難しいということだ。絶え間なく驚きが生まれている。この状況下で成功する次世代のビジネスリーダーは、成功したコンセプトや経営モデルを疑い、学び、適応しつづけていく能力を持つリーダーだろう。

そのため、第四次産業革命の衝撃に対して企業が最初にやるべきことは、ただちに企業のリーダーとしての自分自身と自社を省みることだ。学習と変化ができるリーダーと組織だろうか？　プロトタイピングや投資意思決定を迅速に行った実績はあるか？　イノベーションと失敗を受け入れる企業文化か？　私たちが乗っている車の速度は加速するばかりで、変化は根本的なものになる。この旅路において必要となるのは、自社が迅速かつ機敏な経営体制かどうかを、厳しく率直な目で見つめることだ。

混乱の原因

多くの混乱要因が、企業にさまざまな影響を与える。サプライサイドでは、多くの産業で既存ニーズを満たす新しい技術が登場している。これは既存バリューチェーンを著しく破壊するものであり、事例も豊富にある。たとえば電池と送電線の新技術は、分散型電源への転換を加速させるだろう。3Dプリンタが広く普及することで、分散型生産や予備部品の管理はより簡単で、低コストになるだろう。リアルタイムの情報と分析は、顧客と資産パフォーマンスに関する独自の洞察を提供し、さらにそれが技術的なトレンドを増幅する効果を持つだろう。

混乱はまた、機敏で革新性ある競合他社からも生じる。それらの企業は、グローバルなデジタル・

プラットフォームを利用して研究や開発、マーケティング、営業、流通を行い、品質改善やスピード向上、低価格化といった価値提供を通じて既存の大企業をかつてない速度で追い越していく。多くのビジネスリーダーが、いま視界に入っていないような競合他社こそが最大の脅威だと考える理由はここにある。しかしベンチャー企業だけが混乱をもたらすと考えるのは間違いだろう。デジタル化によって、既存の大企業も顧客基盤やインフラ、技術を活用し、産業の垣根を越えられるようになる。電気通信企業が、医療や自動車業界へ進出しているのはその一例だ。賢く活用すれば、いまでも規模が競争優位となり得る。

デマンドサイドの大規模な変化も企業を混乱させている。高まる透明性、顧客エンゲージメント、モバイルネットワークやデータアクセスへの依存を深める新たな消費者行動パターンに対して、企業は適応を余儀なくされている。製品・サービスの新旧を問わず、設計、販売、提供方法を変えなくてはならない。

全体的には、第四次産業革命が企業におよぼす影響とは、第三次産業革命を特徴づけた単純なデジタル化から、斬新な方法で複数の技術が組み合わされたイノベーション複合体への不可避な変化だと私は考えている。あらゆる企業は事業の見直しと、異なる形態の採用を迫られる。隣接セグメントでの新規事業開発に新たな価値を見出す企業もあれば、既存分野内でニッチな価値を見出してゆく企業もあるだろう。

しかし、両者に本質的な違いはない。ビジネスリーダーと経営幹部は、混乱が事業のデマンドサイドとサプライサイドの両方に影響を与えることを理解する必要がある。企業は経営陣の仮説を疑い、新たな物事の進め方を見つけなければならなくなる。手短に言えば、企業は不断の革新が必要なのだ。

四つの大きな影響

第四次産業革命は、あらゆる産業に次の四つの大きな影響をおよぼす。

①顧客の期待が変化する
②データによって製品の質が向上し、資産の生産性が改善される
③企業が新しい形の協力関係の重要性を理解し、新たなパートナーシップを形成する
④経営モデルが新たなデジタルモデルへ移行する

①顧客の期待が変化する

対個人（B2C）であろうと対企業（B2B）であろうと、顧客はますますデジタル経済の中心を占めるようになり、どのように顧客の役に立てるかが重要となる。顧客の期待は「顧客経験」と再定義されている。たとえばアップルの顧客経験は、製品をどのように使うかに留まらない。製品のパッケージングやブランド、ショッピング体験、顧客サービスも含むものである。そこでアップルは顧客の期待を再定義し、製品の「経験」をそこに含めたのだ。

潜在顧客に対する人口動態データを用いた従来アプローチは、デジタルな評価基準を用いたターゲティングに変化している。潜在顧客は、データ共有や交流する意欲があるかどうかに基づいて識別される。所有から共有へのシフトが、とくに都市部において加速するにつれ、データ共有は価値提案において不可欠な部分となるだろう。たとえばカーシェアリングは、自動車企業、公益事業、通信企業、銀行など、複数業界の企業の個人情報と金融情報の統合が必要となるだろう。

大半の企業は顧客中心を表明している。だが、リアルタイムの情報と分析が顧客ターゲティングやサービス提供方法に使われるようになれば、顧客中心かどうかが試されることになるだろう。デジタル時代とは、データの入手や利用、製品と顧客経験の改善、絶え間ない適応と微調整が求められる世界への移行である。それでいてプロセスの中心には人間的な交流を据えつづけなくてはならない。

これには、最近まで想像もしなかったようなデータの活用能力が必要だ。カスタマージャーニーに関する緻密な洞察を提供する多様なデータ——個人や業界、ライフスタイル、行動に関するデータなど——が利用できる。現在、マーケティングやセールスの意思決定に使える、顧客ニーズや行動に関する重要な洞察を含むデータやメトリクスが、ほぼリアルタイムで入手可能だ。

現在、こうしたデジタル化のトレンドは、さらなる透明性を指向している。つまり、サプライチェーンと消費者の手元により多くのデータが揃い、消費者に力を移行させるピア・ツー・ピア（P2P）による製品性能の比較が可能となるのだ。例を挙げると、価格比較サイトは価格、サービス品質、製品性能の比較を容易にする。消費者はマウスをクリックしたり指先をスワイプさせたりするだけで、瞬時にブランドやサービス、ネット小売業者間を行き来できる。企業はもはや、お粗末な性能や品質に対する説明責任から逃れられない。ブランド資産とは、得るのは難しく、失うのは簡単なものであり、透明性の高い世界ではさらに失いやすくなる。

大雑把にいって、消費者トレンドはミレニアル世代によって決められている。私たちはいま、毎日三〇〇億件のメッセージがワッツアップのアプリで送信され（原註32）、米国の若者の八七％がスマートフォンを片時も離さず、同四四％は毎日カメラ機能を使用し（原註33）、P2Pのファイル共有やユーザー生成コンテンツ（UGC）が増加するオンデマンド世界に生きている。これは、「いますぐ」の世界、といえる。この世界では、配達ルートが即座に配信され、食料品が玄関先まで配送されるリアルタイム世界である。こうした「いますぐ」の世界において、企業はどこでも自社や顧客、クライアントが存在する場ならリアルタイムでの対応が求められる。

これが高所得国の経済に限られると思い込むのは誤りだ。中国のオンラインショッピングを例に挙げよう。二〇一五年一一月一一日、eコマース大手のアリババグループは「独身の日」セールを実施し、オンラインで一四〇億ドル以上の売上を達成し、そのうち六八％がモバイル経由だった（原註34）。もう一つの例はサブサハラ・アフリカだ。この地域では携帯電話の加入が急成長しており、固定回線でのインターネットアクセスという発展段階を飛び越えて、モバイルインターネットが普及する様子がわかる。GSMアソシエーションは、今後五年間でサブサハラ・アフリカにおけるモバイルインターネットのユーザーはさらに二億四〇〇〇万人増加すると予想している（原註35）。そして、ソーシャルメディア普及率は先進国が最も高いが、東アジアや東南アジア、中米も世界平均の三〇%を超えており、急速に普及している。中国のメッセージングアプリであるウィーチャット（微信）は、二〇一五年末までのわずか一二カ月で約一億五〇〇〇万人のユーザーを獲得し、年間成長率は少なくとも三九%に達している(原註36)。

②データによって改善された製品

新しいテクノロジーは、企業の資産の捉え方と管理手法に変化をもたらしている。製品・サービスの価値を高めるデジタル機能によって、資産の質が向上するからだ。たとえばテスラは、無線によるソフトウェアアップデートと通信能力を活用することで、製品（電気自動車）の購入後も、価値減少ではなく機能拡張を実現させている。

新素材は資産の耐久性や復元力を向上させるだけでなく、データや解析によりメンテナンスの役割も一変させている。資産に搭載されたセンサーが分析を行い、継続的なモニタリングや予防的なメンテナンスを通じて、当該資産を最大限に活用できるようになる。もはやセンサーは特定の故障を見つけるのが目的ではなく、通常動作を逸脱したときに通知できる動作のベンチマークとして利用できる（センサーが感知したデータをアルゴリズムで監視する）。航空機を例にしよう。特定の機体でエンジン故障が発生した場合、航空会社の管制センターはパイロットよりも早く不具合を知ることができる。これにより、管制センターはパイロットへ対応策を指示し、到着に先んじて目的地へ整備要員を派遣することが可能となる。

メンテナンス以外にも、資産の運用実績の予測ができれば、新たなビジネスモデルが確立できるようになる。資産の運用実績の測定とモニタリングが継続的にできれば、解析によって運用上の許容範囲がわかり、非中核的な製品や事業ニーズへの戦略的重要性のない製品をアウトソーシングする基準ともなる。これを行っている代表的企業がSAPで、データを活用して農業の稼働率や利用状況の向上を図っている。

資産の運用実績の予測機能は、サービスの価格設定においても新たな機会を生み出している。エレベーターや歩道など処理量の多い資産は運用実績に応じた価格設定となり、サービスプロバイダーは特定期間における稼働時間の最大九九・五%の実績値を基に課金することが可能となる。トラックの例を見てみよう。これまでは定期的に新しいタイヤに交換していた長距離運送トラック業者は、トラックの走行距離一〇〇〇キロメートルごとに支払いを行うというタイヤメーカーの提案に興味を示している。これはセンサーと解析を組み合わせたスキームで、タイヤメーカーはドライバーの仕事ぶり、燃料消費、タイヤ摩耗をモニタリングすることで、包括的なエンドツーエンドサービスを実現させている。

③協調的イノベーション

顧客経験、データを基にしたサービス、解析を基にした資産の運用が起きる世界では、イノベーションと混乱の起きる速度のために新たな協力体制が求められる。これは既存の大企業だけでなく、若く活力に満ちた新興企業にも当てはまる。前者は特定のスキルに欠けるとともに顧客ニーズの進化に対して鈍感なことが多く、後者は資本に乏しく、成熟したオペレーションがもたらす豊富なデータに欠けていることが多い。

世界経済フォーラムのレポート「協調的イノベーション：企業を改革し、成長を促進する」(*Collaborative Innovation: Transforming Business, Driving Growth*)が概説しているように、企業が協調的イノベーションを通じて資源を共有すれば、当該企業だけではなく、そうした協力体制がとられた経済にとっても重要な価値が生み出される。その一例が、研究開発に年間約四〇億ドルを投じる巨大企業シーメンスと、二〇〇八年にスタンフォード大学に設立されたアヤスディによる協業だ。アヤスディは、革新的な機械学習企業であり、世界経済フォーラムのテクノロジー・パイオニアにも選ばれた。この協業によって、シーメンスは膨大なデータから洞察を引き出すという複雑な難題を行うパートナーを得た。一方のアヤスディは現実世界のデータを使用したトポロジカルデータ分析アプローチの実証と、市場での存在感を向上させるメリットがあった。

しかし、こうした協業が順調に進むことはめったにない。企業戦略の策定、適切なパートナー探し、コミュニケーション・チャンネルの確立、プロセスの整合、パートナーシップ内外の変わりゆく状況への柔軟な対応のために、双方からの莫大な投資が必要となる。こうした協業から、複数の業界が力を合わせて一つの統一された顧客経験を提供するような、新しいビジネスモデルが生まれることもある。都市部でのカーシェアリング構想がそれだ。だがこれはパートナーシップにおける最も弱い絆に過ぎない。企業はマーケティングや営業に関する協定レベルに留まらず、包括的かつ協調的アプローチへの対応を理解する必要がある。第四次産業革命とは、オフラインとオンラインの世界が実際に力を合わせる方法を企業に考えさせるものだ。

④新たな経営モデル

こうしたさまざまな影響により、企業は自社の経営モデルを再考する必要が出てきた。企業の戦略立案は、より速くより機動的な経営という企業ニーズに照らして再考する必要がある。

すでに述べたように、デジタル化のネットワーク効果で利用可能となった重要な経営モデルが、プラットフォームである。第三次産業革命はデジタル・プラットフォームを生み出しただけだった。第四次産業革命の特徴は、現実世界と密接なつながりを持ったグローバル・プラットフォームを生み出したことだ。プラットフォーム戦略は、収益性に優れると同時に破壊的でもある。ＭＩＴスローン経営大学院の研究によれば、二〇一三年の時価総額トップ三〇銘柄のうち一四がプラットフォーム中心の企業だった(原註37)。

顧客中心主義とデータによる製品強化の必要性も相まって、プラットフォーム戦略は製品販売からサービス提供へのシフトを多くの業界で促している。モノを買って所有するのではなく、デジタル・プラットフォーム経由でアクセスできる基盤サービスに対価を支払う消費者が増えている。たとえば、アマゾンのキンドル・ストアでは無数の書籍を電子書籍として読んだり、スポティファイでは世界中のほぼあらゆる曲を聞いたりできる。また、実際に車を所有せずにモビリティサービスを提供するカーシェアリングに登録することもできる。こうしたシフトは大きな影響力を持ち、より透明で持続可能性のある価値交換モデルを生み出している。だがその一方、所有権の定義、どう無数のコンテンツと関わり合い、キュレーションするか、サービスを大規模に提供し影響力を増すプラットフォームとどう付き合うかという問題も生み出している。

世界経済フォーラムの「産業界におけるデジタル変革イニシアティブ」(Digital Transformation of Industry initiative)では、第四次産業革命を活用するためのビジネスモデルや経営モデルを多数紹介している。先に述べた「顧客中心主義」はその一つである。これを採用するネスプレッソは現場プロセスの重視と顧客第一主義を掲げ、スタッフへの権限移譲を進めている。デジタルと現実世界、人間の相互交流が可能にしたチャンスを利用しているのが、倹約型ビジネスモデルである。この新たな形態の最適化の例として、タイヤにセンサーを取り付け、低コストで高品質なサービスを提供しているミシュランが挙げられる。

データ活用型のビジネスモデルは、より幅広い観点から価値ある顧客情報を利用することで、新たな収益源を生み出している。また、顧客情報から洞察を得るために、解析やソフトウェア・インテリジェンスへの依存を深めている。「オープンで透明」な企業は、流動的な価値創造のエコシステムの一部として自社を位置づける一方、「スカイネット」企業は自動化に注力し、危険の多い業界や分野でより存在感を増している。そして、新技術を採用してエネルギーと物流をさらに有効活用し、資源保護やコスト削減、環境によい影響を与えられるように、ビジネスモデルを変える企業が多く見られる（「コラムB：環境の再生と保護」を参照）。

こうした変革によって、企業はサイバーセキュリティやデータ保護への投資を増加させる必要に迫られるだろう。犯罪者や活動家による妨害や、デジタル基盤の不測の故障による混乱を回避する必要があるからだ。サイバー攻撃対応のために企業が支払うコストは、年間五〇〇〇億ドルという巨額になると推定されている。ソニー・ピクチャーズ、トークトーク、ターゲット、バークレイズといった企業で起きた機密情報や顧客データへの不正アクセス事件は、株価に重大な悪影響をおよぼした。これを受けて、バンクオブアメリカ・メリルリンチは、サイバーセキュリティ市場が二〇一五年の約七五〇億ドル規模から二〇二〇年には一七〇〇億ドル規模へと二倍以上に増加し、同業界の年間成長率は今後五年間で一五％以上になると推定している（原註38）。

新たに出現する経営モデルによって、新しい必須スキルや適切な人的資本の獲得・維持を目的に、企業は人材と文化の再考を余儀なくされる。さまざまな業界でデータが意思決定と経営モデルの中核となるにつれ労働者は新たなスキルが必要となる一方、プロセス改善（リアルタイム情報の活用など）や、文化の改革が必要となる。

企業は「人材主義」という概念へ適応しなくてはならない。これは競争力向上にとって最も重要で、新たに出現してきた要因の一つである。人材が戦略的優位を獲得するための主因となる世界では、組織構造の本質を再考する必要が出てくる。柔軟な組織階層、業績測定と報奨の新制度、特殊技能を持つ人材を獲得・維持するための新戦略は、いずれも組織の成功にとって重要となる。機動性は従業員のモチベーションやコミュニケーションのみならず、企業における優先順位づけや物的資産の管理においても重要となるだろう。

成功を収める組織では階層構造から、よりネットワーク化された協調的モデルへのシフトがさらに進んでいるように見える。従業員と経営陣が一緒に熟達や自立、目的を希求するという協調性によって、労働へのやる気は内部から湧いてくるようになるだろう。企業では分散チーム、リモートワーカー、ダイナミックな集団による組織化が進むとともに、取り組むべき仕事や課題に関するデータと洞察が常に交換されるようになる。

こうした変革を反映した新しい職場は、ウェアラブルテクノロジーの急速な台頭の上に築かれる。ウェアラブル機器がＩｏＴと合体すると、労働者も消費者も恩恵を受けるようなデジタルとリアル体験の融合が次第に起きるだろう。たとえば、非常に複雑な機器を用いたり、困難な状況下で働いたりする労働者は、ウェアラブルの着用により部品を設計し、修理することが可能となる。接続された機器へのダウンロードとアップデートが可能となることで、現場の労働者と彼らが使用する資本設備の双方が最新の状態に維持されることになる。クラウドベースのソフトウェアアップデートと、クラウド経由でのデータ資産更新が標準的な慣行となっている第四次産業革命の世界では、労働者とそのスキルは状況変化についていかなければならない。

デジタル、物理的、生物学的世界の融合

複数の要素——デジタル、物理的、生物学的——を融合可能な企業は、一つの産業全体が混乱していたり、関連する生産・流通・消費システムが混乱していたりしても、成功することが多い。

多くの都市でウーバーが普及するきっかけとなったのが、改善された顧客経験——モバイル機器による車輌位置の追跡、車輌の標準装備の説明、シームレスな支払いプロセス、それらによる目的地への到着遅れの回避——だった。資産（ドライバーが所有する車輌）活用の最適化を通じて、顧客経験は向上し、実際の成果（A地点からB地点への人の輸送）と一体化された。こうしたケースでは往々にして、デジタル化が価格上昇や低コスト化といった現象ではなく、ビジネスモデルの根本的変化につながる。そしてこれを促すのが、サービスの調達から提供までのエンドツーエンド型アプローチだ。

こういった統合型ビジネスモデルは、デジタル資産とデジタル・プラットフォームの興味深い統合によって物的資産との関係性が変化（所有権からアクセス権への大変化）するときに起こる、混乱の範囲を物語っている。それらの市場では企業は資産を所有せず、車の運転手が所有者として他人に車を使わせ、家の所有者が他人に家を使わせることになる。両方のケースで競争優位の基礎となっているのが、取引費用および摩擦コストの削減を組み合わせた優れた経験だ。さらにこれらの企業は、既存企業のビジネスモデルに見られない速度と便利さで需給をマッチさせる。

こうしたマーケットプレイス・アプローチは、既存企業が長年築き上げてきたポジションを徐々に

侵食し、業界の垣根を取り除くものだ。多くの経営幹部は、今後三～五年間の自社ビジネスに影響をおよぼす一番の要因として、業界の融合を挙げている(原注39)。顧客がひとたびプラットフォームに対する信頼と確信を持てば、プラットフォーム提供者がその他の製品やサービスを売るのが簡単になる。

動きの速い競合他社は、伝統的な業界の壁やバリューチェーンの分解を引き起こすとともに、既存の企業と顧客との関係性も空洞化させる。新たな破壊者は既存企業よりもはるかに低コストで急成長し、その過程でネットワーク効果による財務リターンの急増を享受可能だ。書籍販売業から年商一〇〇〇億ドルの小売コングロマリットへと進化したアマゾンの例は、顧客の好みに関する洞察や堅実な業務遂行と組み合わさることで、顧客ロイヤリティは複数の業界にまたがる商品販売へと広がり得ることを示している。これはまた、規模のメリットも実証している。

大半の業界で、デジタル技術によって製品とサービスを融合させる、これまでにない破壊的手法が生み出されている。その過程で伝統的な業界間の壁が消滅している。いまや自動車はタイヤの上に乗ったコンピューターであり、電子回路は製造コストの約四〇%を占めている。アップルやグーグルの自動車市場進出は、テクノロジー系企業が自動車会社になり得ることを示している。電子機器へのバリューシフトが示しているように、将来的には技術やソフトウェアライセンスが自動車自体を製造するよりも戦略的メリットがあると証明されるかもしれない。

金融業界は同様の破壊的変化の時期にあり、いまやP2Pプラットフォームが参入障壁の撤去とコスト削減をもたらしている。投資ビジネスでは、新たな「ロボアドバイザリー」アルゴリズムとその対応アプリが、従来の二％を大幅に下回る取引費用（〇・五％）でアドバイザリーサービスやポートフォリオツールを提供し、金融業界全体を脅かしている。またブロックチェーンが金融業界の経営の大変革を引き起こすだろう。この技術の応用でもたらされる決済・取引費用の削減額は最大二〇〇億ドルにも達すると見られている。共有データベース技術によって、顧客口座の管理や海外送金、手形交換、貿易決済など、各種の銀行業務が合理化できる。また、トレーダー不在で自動実行されるスマートな先物契約（企業や国家が債務不履行になったときに自動的に支払われるクレジットデリバティブなど）といった、まだ存在しない商品やサービスも整備できる。

医療界も、デジタル、物理的、生物学的な技術革新が同時に起きており、その統合という難問に直面している。たとえば、新しい診断方法や治療法の開発、カルテのデジタル化の推進、ウェアラブル機器や埋め込み技術で収集可能となる豊富な情報の活用といったものだ。

混乱のレベルは業界によって異なるが、第四次産業革命を推進する力によって、変革という曲線グラフが上方へ押し上げられている点は共通している。業界や顧客基盤の人口動態によって差異はあるものの、不確実な世界では適応能力が非常に重要になる。上昇カーブに乗れない企業は、市場から追いやられる可能性がある。

生き残り、繁栄する企業は、イノベーションにおける優位性を維持し、継続的に磨いていく必要がある。産業も企業も事業も、ダーウィンの進化論的なプレッシャーに絶えずさらされる。そのため「常にベータ版」（常に進化する）という哲学が、さらに普及することだろう。このことは、世界中で起業家や社内起業家（進取の気性に富んだ企業幹部）が増加することを示唆している。中小企業は、混乱と革新への対応に必要なスピードと機動性がメリットとなるだろう。

それとは対照的に、大企業は規模のメリットを活用するとともに、より小規模で革新的なビジネスを買収したり提携したりすることで、新興企業や中小企業のエコシステムへ投資し、生き残っていくことだろう。これにより大企業は各事業で自主性を維持しつつ、より効率性と機動性に優れた経営も可能となる。グーグルが持株会社アルファベットに再編成したのは、こうしたトレンドを如実に表したもので、革新的気質と機動性の維持の必要性に迫られての措置といえる。

次の項で詳しく述べるが、規制と法制度の今後の展望が、研究者や企業、市民によるエマージングテクノロジーと経営モデルの開発、投資、適応の方向性を決めていく。新技術や革新的企業が多くの人々の生活を改善する新しい製品・サービスを提供する一方、同じ技術やそれを支えるシステムが好ましくない影響を生み出す可能性もある。例として、すでに述べたような失業の増大や不平等の拡大から、自律型ロボット兵器システムや新たなサイバーリスクまでさまざまある。

適切な規制の構成要素については意見が分かれるかもしれないが、私が政府機関や企業、市民社会のリーダーと話をしたかぎりでは、彼らはみな同じ最重要目標を共有していた。それは、イノベーションの発展を可能にしつつリスクを最小化して、社会の安定と繁栄を確保する、機動的で責任のある法規制エコシステムの創造である。

COLUMN B

環境の再生と保護

第四次産業革命の中核をなすデジタル、物理的、生物学的世界の融合は、資源利用と効率の面で大進歩となる機会を世界にもたらす。循環経済への移行加速を目指す世界経済フォーラムのイニシアティブ「プロジェクトメインストリーム」（Project MainStream）が示しているのは、個人や企業、政府機関による自然界への影響が小さくなるだけでなく、技術と合理的システム設計によって自然環境が復元し、再生する可能性も大きくなるということだ。

この見通しの中核となっているのが、簡単に入手できる大量の資源に依存する「採掘、製造、廃棄」という直線的な資源利用モデルから、企業と消費者が移行するという点だ。新たな工業モデルは、原材料やエネルギー、労働力、情報が効果的に流れつつ相互作用し、また回復力と再生力がある生産性の高い経済体制を作ることで、この工業モデルの普及が促進される。

そこに至る道筋は四つある。第一に、ＩｏＴとインテリジェントアセットによって、バリューチェーン全体でモノとエネルギーの流れの追跡ができるようになり、大規模に新しい効率性を達成できるようになった。シスコの推定によると、今後一〇年間でＩｏＴは一四兆四〇〇〇億ドルの経済的便益をもたらす。そのうち、二兆七〇〇〇億ドルは、サプライチェーンと物流におけるプロセス改善と無駄の削減によるという。ＩｏＴが可能にしたソリューションは、二〇二〇年までに温暖化ガス排出を九一億トン削減できると見られており、これは同年の排出量の一六・五％に相当する(原註40)。

第二に、デジタル資産がもたらす情報の民主化と透明性は、新たな力を市民に与え、企業や国に説明責任を課す。ブロックチェーンなどの技術は、こうした情報の信頼性を高めるだろう。たとえば、セキュリティ保護されたフォーマットで人工衛星から森林伐採監視データを取得し、その伐採の事実を証明することで、土地所有者へのより詳細な説明責任を追及できるようになる。

第三に、新しい情報流通と透明性の向上は、大規模な市民行動の変化を促す。これは持続的な循環型システムへ至る企業と社会の新しい行動基準のなかでも、最も抵抗の少ない道だ。経済学と心理学の有意義な融合は、人間の認知、行動、正当化について知見を提供してくれている。政府機関や企業、大学による多くの大規模なランダム化比較試験は、知見の正しさを示している。その一例がオーパワーだ。同業他社との比較により顧客に電力節約を促し、コストを削減しながら、環境を保護している。

第四に、すでに詳述したように、新たなビジネスモデルと組織モデルは、革新的な価値創造と価値共有の方法を約束する。また、私たちの経済や社会と同じように、自然界に対しても積極的なプラスになるような、システム全体の変化を引き起こすだろう。自動運転車、シェアリング経済、リースモデルは、いずれも資産稼働率を大幅に向上させる。それとともに、適切な時期における原料の獲得、再利用、「アップサイクル」をより容易にする。

第四次産業革命により、企業は資産利用と資源利用のサイクルを延長させ、利用率を向上させ、将来的利用のために原料やエネルギーを回収・転用し、その過程で排出量や資源投入の低減を図る段階的過程の創造が可能となる。こうした大変革をもたらす新たな産業システムでは、二酸化炭素は温暖化の原因物質ではなく資産に、炭素回収・貯留は高くつく汚染吸収源ではなく収益性の高い炭素回収、利用、生産施設へと変貌する。さらに重要なことに、企業、政府機関、市民に自然資本の積極的再生を図る戦略のさらなる認識と参加を促し、再生を念頭に自然資本を賢く利用することで持続的な生産と消費へ誘導し、脅威にさらされている地域における生物多様性回復のための場所提供が可能となることだ。

国家と世界への影響

第四次産業革命がもたらす破壊的変化は、公共機関と企業の運営方法を再定義するだろう。とくに政府機関（地域、国家、地方レベル）は、自身の改革と、市民や民間セクターとの新たな協調のやり方を見出し、適応していかなくてはならない。さらにこのような変化は、国家間や政府機関同士の関わり合い方に影響をおよぼす。

本項では、政治家とその社会的役割に関する伝統的認識を変えている永続的な力を認識しつつ、第四次産業革命を理解するために政府機関が負うべき役割を考察する。市民への権限移譲、分裂と二極化の進展は、統治をより難しいものにして、政府機関の能率性を下げる政治システムにつながる可能性がある。しかもこれは政府機関が新たな科学的、技術的、経済的、社会的枠組みへの移行の具現化に不可欠なパートナーとなるべきときに起こるため、とくに重要となる。

政府機関

第四次産業革命が政府機関におよぼす影響の評価においては、よりよい統治を行うためのデジタル技術の活用が第一のポイントとなる。より高度で革新的なウェブ技術の活用は、行政構造改革と機能近代化を進める可能性がある。電子政府のプロセス強化から、さらなる透明性、説明責任、政府機関と市民のエンゲージメントの促進まで、全般的な機能改善をもたらすかもしれない。さらに政府機関は、権力が国家から非国家主体へ、既成機関から緩やかなネットワークへとシフトしている事実に適応する必要もある。それらが促す新たな技術や社会的集団、相互作用により、ほぼすべての人がわずか数年前には考えられなかった方法で影響力を行使できるようになっている。

政府機関は、ますます無常性と一過性を帯びる権力の特質に最も影響を受けている。モイセス・ナイムが述べているように、「二一世紀とは権力を獲得するに易く、使うに難く、失うは容易な時代」なのだ(原註41)。統治がこれまで以上に困難となっていることに、ほぼ疑いの余地はない。いくつかの例外を除き、政策立案者は変化をもたらすことはより困難と見ている。彼らはライバルである国、州や県、地方、果ては個人レベルの権力者に束縛されている。いまやミクロパワーが国家機関などのマクロパワーを束縛する力を持っているのだ。

デジタル時代の到来で、公権力を守ってきた多くの障壁は弱体化し、被治者(つまり大衆)が知識を深めて、期待を膨らまし、要求をますます増やすようになるにつれ、政府機関はさらに非効率または非能率的な存在になった。極小の非国家主体が巨大国家と対峙したウィキリークスの一件は、新たなパワーパラダイムの非対称性と、それに付随する信用の低下を示している。

第四次産業革命が政府機関におよぼす多面的な影響のすべてを考察するには、一冊の本が必要になると思われるが、重要な点は、技術が市民への権限移譲を促進するとともに、自分の意見を表明し、各自の行為を調整し、政府機関による監視を逃れる可能性を持つ新たな方法を提供することだ。「可能性」と言ったのは、新たな監視技術が絶大な公権力を生み出す現在、その逆も真実かもしれないと考えるためである。

並列構造はイデオロギーの宣伝や支持者の募集、公的機関、政府機関に対する行動や反対活動の調整を可能にするだろう。競争レベルの向上と新技術によって権力の再分配と分散が起き、政策運営という中心的役割が徐々に弱体化するにつれ、現行形態の政府機関は変化を余儀なくされる。次第に公共サービスセンターとみなされるようになり、最も効率的で個別化した方法で幅広いサービスを提供できる能力によって評価されるようになると思われる。

最終的に生存のカギを握るのは、政府機関の適応能力である。急激な破壊的変化が起きる世界を受け入れ、競争力を維持できる透明性と効率性を持つ組織構造に変えられれば、持ちこたえられるだろう。そうすることで、競合する新たな権力機構が集う環境の中で、政府機関はよりスリムかつ効率的な組織へと根本的変化を遂げるだろう。

過去の産業革命と同様、規制が新技術の適応と普及にあたって重要な役割を果たすだろう。しかし政府機関は、規制の立案や改正、施行に対するアプローチを変更しなくてはならないだろう。「旧世界」では、意思決定者には特定問題について学び、必要な対応や適切な規制の枠組みを考える十分な時間があった。厳格なトップダウン型アプローチのもと、プロセス全体が直線的かつ機構的な傾向にあった。さまざまな理由から、もはやこれは不可能である。

第四次産業革命が引き起こす急激な変化によって、規制当局は前例のないレベルの困難に直面している。今日の政府機関、立法府、規制当局は突発的事象の対処に忙しく、技術変化の速度やその影響の重要性には手が回っていない。ニュースが二四時間化したことで、リーダーは突発的事象に対して迅速にコメントを発表したり、対応を取ったりしなくてはならないというプレッシャーに見舞われる。結果として、慎重な対応、信念と一貫性を持つ対応、調整された対応といったものを考える時間が減っている。とくに二〇〇近い独立国家と数千もの異なる文化・言語が存在するグローバルシステムにおいては、重要な事柄に対処不能となることは実に危険である。

こうした状況下で政策立案者と規制当局は、いかにしてイノベーションを妨げることなく、そして消費者や一般大衆の利益を守りつつ、技術進歩を支援できるのだろうか。それを可能にするのが機動的なガバナンスである（「コラムC：混乱の時代における機動的なガバナンスの原則」を参照）。

私たちが目にしている技術進歩の多くは、現在の規制の枠組みでは適切に捉え切れておらず、政府機関が市民とともに築き上げてきた社会契約を混乱させる可能性さえある。機動的なガバナンスとは、規制当局は規制対象を十分に理解するための自己改革を通じて、変化の速い新環境に絶えず適応していく方法を見つける必要があることを意味している。そのためには、政府機関と規制当局は、企業や市民社会と密接に協調し、必要な世界的、地域的、産業的転換を具現化する必要がある。

機動的なガバナンスは、規制の不確かさにつながるものでも、まして政策立案者側が絶え間なく狂乱状態で行動するというものでもない。時代遅れだが安定的なものと、最新だが不安定なものという、受け入れ難い二つの規制の枠組みの板挟みになっているわけではない。第四次産業革命の時代で必要とされるのは、政策決定の多さや速さではない。むしろ、より回復力のある枠組みを生み出せる規制と法整備のエコシステムなのだ。こうしたアプローチは、重要な決定について熟考するために、外部の雑音から隔離された静かな空間を作り出すことで強化されるだろう。こうした慎重さは、生産的であり、かつイノベーションを生み出す最高の土壌を作り出すのだという希望に満ちたものにする必要がある。

つまり、重要な公的機能、社会的コミュニケーション、個人情報がデジタル・プラットフォームへ移行する世界では、政府機関は社会正義や競争力、公平性、包括的知的財産権、安全、信頼性を維持するためのルールやチェック手段、均衡を作り出す必要がある。それを企業や市民社会との協調を通じて行うべきなのだ。

これを実現するために、二つの概念的アプローチがある。一つは、「明示的に禁止されていなければ、すべて許可される」というもので、もう一つは「明示的に許可されていなければ、すべて禁止される」というものだ。政府機関は二つのアプローチの中道を行くべきだ。第四次産業革命でこれまでに必要とされているのは、協調や適応を身につけ、同時にあらゆる決定の中心に人間がいるよう徹底させることである。政府機関はリスクを最小化しながらイノベーションを推し進める必要がある。

これを達成するためには、政府機関はより実効性のある形で市民を関与させ、学習と適応のために政策実験を実施する必要があるだろう。政府機関と市民は各自の役割と相互の意思疎通のあり方を再考するとともに、多くの視点を採り入れる義務と、その途上での失敗や間違いを許す必要性をはっきりと認識しつつ、期待を高めていくことを意味する。

COLUMN C

混乱の時代における機動的なガバナンスの原則

求人市場

デジタルテクノロジーとグローバル通信インフラは労働と報酬に関する従来の概念を大きく変える。新たに誕生するのは、非常に柔軟性が高く、本質的に短期雇用という種類の仕事である（いわゆるオンデマンド経済）。これらの新たな仕事はより柔軟性の高い勤務時間を実現するとともに、求人市場にまったく新しいイノベーションの波をもたらす可能性がある。オンデマンド経済という状況下で、労働者保護のレベルが低下するという重大な懸念も引き起こす。労働者はすべて基本的に雇用保障や年功が存在しない請負業者となるからだ。

賃金と徴税

オンデマンド経済は徴税に関する深刻な問題も生じさせる。短期労働者が闇市場で労働することが簡単かつ魅力的になるからだ。デジタルを媒介した支払いシステムは取引金額の大小を問わず透明性を向上させている。一方、新たな分散型支払いシステムも登場しており、公権力や民間人が資金の出所と支払い先を大幅に追跡しにくくする可能性もある。

責任と保護

ある種の高リスクな職業は、高度な監督体制が必要となること、適切な安全性と消費者保護を徹底させるために免許を有する専門家のみが行うべきとの理由から、政府による許認可制の独占事業（タクシー業界、開業医など）が長らく正当化されてきた。だが、技術進歩によりP2Pでの相互交流が可能になり、人々の調整や交流を促進するような画期的な媒介手段が提供されたことで、こうした独占事業は混乱状態にある。

セキュリティとプライバシー

インターネットの超国家的性質と世界経済の成長にもかかわらず、データの権利と保護に関する規制はいまなお統一にはほど遠い状況である。個人データの収集、加工、転売に関するルールは欧州ではかなり整備されているものの、いまなおその他地域の大多数では未成熟かまったく存在しない状況にある。巨大なデータセットを集約することで、大規模オンライン事業者はユーザーから明示的もしくは暗黙的に収集した内容よりも多くの情報を推し量ることが可能となっている。ビッグデータ分析と推論技術を駆使したユーザープロファイリングにより、これまでになくカスタマイズ化と個別化が進んだ新サービスを展開する道が切り開かれる。それらのサービスはユーザーと消費者に恩恵をもたらす場合があるが、一方でユーザーのプライバシーと個人の自主性に関する重大な懸念も生じさせている。多くの国々がサイバー犯罪やなりすまし犯罪への懸念を募らせており、米国の国家安全保障活動に関してエドワード・スノーデンが暴露した実態が示しているように、監視と自由のバランスは急激に監視強化に傾いている。

利用可能性と社会的一体性

世界経済のデジタル世界への移行が進むにつれ、信頼できるインターネットインフラが利用できるかどうかが経済繁栄の重要な前提条件となる。政府機関は技術進歩がもたらす将来性を理解しなければならない。そうした技術に適応して内部業務を最適化する必要があるだけでなく、技術の広範な導入を促進・支援し、グローバルに接続された情報社会への移行を進める必要がある。適正なインターネットアクセス、またはネットワークに接続されたデバイスへのアクセス、デバイス使用の十分な知識なくして、デジタル経済や新たな形態での市民参加に加わることがますます困難になっている。デジタル排斥（情報格差）はますます切実な問題となっている。

権力の非対称性

今日の情報社会では技術を操る知識を持っている者はもれなくそれに関する権限も持っているため、情報の非対称性は重大な権力の非対称性につながる可能性がある。ルート権限を持つ存在はほぼ全能となる。しかし、現代の技術に関する潜在能力や基本となる専門的性質を十分に理解する複雑さを考えると、それらの技術を理解し、制御するテクノロジー知識豊富な個人と、受動的に技術を利用するだけの知識に乏しい個人との間に、不平等が拡大する可能性がある。

出典："A call for Agile Governance Principles in an Age of Disruption", Global Agenda Council on Software & Society, World Economic Forum, November 2015

国、地域、都市

デジタルテクノロジーには国境がないため、技術の地理的影響と、地理学が技術におよぼす影響の考察にあたっては多くの疑問が浮かんでくる。第四次産業革命で国、地域、都市が担う役割はどのように定義されるのだろうか。過去の産業革命と同様に、西欧と米国がそうした変革を主導するのだろうか。発展段階を飛び越えて第四次産業革命を可能にする国はどこなのだろうか。社会を向上させるために大規模で効果的な協力が起きるのか、それとも国家内のみならず国家間でも分裂が進むのだろうか。製品・サービスがほぼあらゆる場所で生産可能となり、低スキル労働や低賃金労働への大半の需要が自動化で代用される世界では、財力のある人たちが強力な制度と高い生活水準を備えた国に集まるのだろうか。

イノベーションを可能にする規制

これらの疑問の回答を探すうえで、明確かつ非常に重要なことが一つある。それは、新たなデジタル経済の中心となるカテゴリーや分野（第五世代通信、商用ドローンの利用、IoT、デジタルヘルス、先進製造など）で今後主流となる国際基準の確立に成功した国や地域は、多大な経済的、金銭的利益を得られるだろうということだ。対照的に、独自の規範やルールを推進して国内メーカーに優位性を与え、さらに外国メーカーを締め出して国内メーカーが海外の技術に支払う特許料を削減する国は国際基準から孤立し、新たなデジタル経済における落伍者になる危険性がある（原註42）。

上述のように、国家または地域レベルでの法制度やコンプライアンスという広範な問題は、破壊的企業が活動するエコシステムの形成において決定的な役割を果たす。これは時に、国家間の対立をもたらすこともある。その代表例が、二〇一五年一〇月に欧州司法裁判所（ECJ）が下した米国－EU間の個人データ移転を認めたセーフハーバー協定無効の判決である。これにより欧州で事業を展開する際に企業が負担するコンプライアンス費用の増加は必至で、大西洋をまたいで主張がぶつかり合う問題となっている。

この例は、競争優位性をもたらす重要な要因として、イノベーション・エコシステムの重要性が高まっていることを裏づけている。今後は高コスト国と低コスト国、新興国と先進国といった区別は次第に無意味になる。それよりも、イノベーションできる経済かどうかが重要になる。

たとえば、今日の北米企業は、ほとんどの基準から見ても世界で最も革新的な存在でありつづけている。北米企業は優秀な人材を集め、大半の特許を取得し、世界のベンチャーキャピタルの大半を支配し、上場企業は株式市場で高い評価を得ている。北米が四つの相乗効果を持つ技術革命——エネルギー生産における技術主導の革新、先進製造およびデジタル製造、ライフサイエンス、情報技術——の最先端でありつづけている事実も、このことを裏づけている。

北米と欧州（最も革新的な国々の一部を含む地域）が先頭を走っているが、その他の国々も急速に追い上げている。たとえば、中国はイノベーションとサービスを重視する経済モデルへの移行を進めており、中国のイノベーション成果に関する予想は、二〇一五年には欧州レベルの四九％に達した（二〇〇六年の三五％から上昇）（原註43）。中国は比較的低レベルから発展しはじめたが、次々と世界の製造業の高付加価値セグメントへ参入し、著しい規模の経済を利用して世界市場での競争優位性を獲得している（原註44）。

特定の国や地域が技術革命によって生まれる機会を存分に活用するには、最終的に政策選択がカギとなる。

革新の中心地としての地域および都市

私がとくに懸念しているのが、一部の国や地域、とくに急成長市場と開発途上国において、労働集約的な製品・サービスの生産から享受していた相対的優位性が、自動化の影響で突如として陳腐化する可能性があることだ。このシナリオでは、現在繁栄している一部の国や地域の経済が壊滅的状態になる可能性がある。

都市（イノベーションエコシステム）の継続的成長がない国や地域が繁栄しないことは明らかだ。歴史的にも都市は経済成長、繁栄、社会的発展の原動力であり、国や地域の将来的な競争力にも不可欠である。今日では、世界人口の半数以上が中都市から巨大都市を含む都市部に住んでおり、世界全体の都市生活者の数は増えつづけている。国や地域の競争力に影響を与える多くの要素——イノベーション、教育、インフラ、行政など——は、都市の中にある。

機動的な政策枠組みに支えられた都市が、技術を吸収し、展開する速度と範囲は、人材獲得競争を左右する。超高速ブロードバンドの設置や、交通機関やエネルギー消費、廃棄物リサイクルなどでのデジタルテクノロジーの導入は、都市の効率と住みやすさを向上させ、他都市と比較して魅力が増すことになる。

そのため、世界各国の都市や国々は、第四次産業革命の大半が依存する情報通信技術（ＩＣＴ）へのアクセスおよび活用に力を入れることが非常に重要となる。しかし、世界経済フォーラムの「グローバル・インフォメーション・テクノロジー・レポート２０１５」（*Global Information Technology Report 2015*）が指摘しているように、ＩＣＴインフラは多くの人々が考えるほど素早く普及も拡散もしていない。「世界人口の半数は携帯電話を所有しておらず、四億五〇〇〇万人はいまも携帯電波の圏外に住んでいる。低所得国の人口の約九〇％、世界人口の六〇％以上はネット接続ができない。そして、携帯電話の大半は旧世代のものだ」（原註45）

そのため、政府機関は発展の段階を問わずすべての国々を対象とした情報格差解消に注力し、都市や国々が経済的機会の創出と繁栄の共有に必要となる基盤インフラを持てるようにしなければならない。そしてこれを可能にするのが、協調や効率、起業家精神の新たなモデルとなる。

世界経済フォーラムの「データ主導型発展」に関する調査は、そうした機会をつかむために重要なのはデジタルインフラへのアクセスだけではないと強調している。そして、データの生成方法、収集方法、送信方法、使用方法に関する制約を考えると、多くの国々、とくにグローバル・サウス（南の発展途上国）での「データ不足」への対処が不可欠となる。この不足を生み出す四つの「ギャップ」――存在、アクセス、ガバナンス、使い勝手――を解消することで、国や地域、都市に対して発展に役立つような多くの能力が加わる。たとえば感染症発生の追跡、自然災害へのより適切な対応、貧困者による公共サービスや金融サービスへのアクセス強化、社会的弱者の移住パターンの理解など、である。（原註46）

国や地域、都市で可能なのは、単なる規制環境の変化だけではない。デジタル変革における発射台となる積極的な投資も可能で、これにより革新的なベンチャー企業の起業家や投資家を誘致したり、奨励したりすることが可能になる。また、大企業に第四次産業革命がもたらす機会へ目を向けさせることもできる。若くて力強い企業と大企業が相互に、そして市民や大学と結びつくことで、都市は新たなアイデアを地域経済や世界経済にとっての価値として現実化するための実験の場であり、強力なハブとなる。

革新的なプロジェクトや人材を助成する英国国立科学・技術・芸術基金（NESTA）は、イノベーションの育成に最も効果的な政策環境を持つ五つの都市として、ニューヨーク、ロンドン、ヘルシンキ、バルセロナ、アムステルダムを挙げている(原註47)。NESTAの調査によれば、これらの都市は公式な政策以外で変化を起こす独創的な手法を確立しており、基本的に開放的で、官僚的ではなく起業家的な活動をしている。今日の世界最高水準の事例は、この三つの基準によって創出されている。この三つは、新興市場や発展途上国の都市でも同じように適用可能だ。たとえばコロンビア州メデリンは、モビリティと環境的持続可能性に対する革新的アプローチを認められ、同じく最終候補に残ったニューヨークとテルアビブを退けて二〇一三年の年間最高都市賞を受賞した(原註48)。

二〇一五年一〇月、世界経済フォーラムの「都市の未来に関するグローバル・アジェンダ・カウンシル」（Global Agenda Council on the Future of Cities）は、各種課題に対する革新的ソリューションを追求する世界各国の都市の事例を取り上げたレポートを発表した（「コラムD：都市のイノベーション」を参照）(原註49)。第四次産業革命はスマートなネットワーク主導の都市や国家、地域集団のグローバルネットワークによって推進されている点が独特である。これらの集団は、全体論的および統合的視点からトップダウンおよびボトムアップで行動し、この革命がもたらす機会を理解して活用している。

COLUMN D

都市のイノベーション

デジタルによる再プログラムが可能なスペース

建物は劇場、体育館、市民センター、ナイトクラブなど即座に姿を変えられる多目的スペースとなる。これにより、都市全体の環境負荷を最小化することができ、少ないインプットで多くのアウトプットを提供可能となる。

「ウォーターネット」

水道システム内にセンサーを設置し、水の流れを監視し、サイクル全体を管理する水道管のインターネット。これにより人間と生態系のニーズに持続可能な水を供給する。

社会的ネットワークを通じた植林

各種研究によれば、都市の緑地を一〇%増加させることで気候変動による気温上昇が相殺可能になるとされている。植物は短波放射を防ぐとともに蒸散作用で周囲の熱を奪って温度を下げ、より快適な微気候を生み出す。林冠と根系には、豪雨の流入を減らし、栄養負荷のバランスを取るという効果もある。

次世代モビリティ

センサー、レンズ、内蔵プロセッサの進化により、歩行者と非電動交通手段の安全性が向上する。公共交通機関の増加が渋滞と汚染を削減し、安価でスピードと正確性が増した通勤が実現し、保健衛生面も向上する。

コジェネレーション、コヒーティング、コクーリング

余分な熱を回収し利用するコジェネレーションシステムにより、エネルギー効率は大幅に改善される。トリジェネレーションシステムは熱を利用して建物を温めたり、吸収式冷凍機の技術で建物を冷やしたりすることができる。これは、多数のコンピューターが稼働しているオフィスビルの冷却などに役立つ。

モビリティ・オンデマンド

デジタル化により車輛交通の効率が向上する。都市モビリティのインフラに関するリアルタイムの情報収集と、これまでにない形でのモニタリングが可能となるからだ。ダイナミックな最適化アルゴリズムにより、車輛の空き座席を活用する可能性が広がる。

スマートな街灯

次世代ＬＥＤを使用した街灯は、天候、汚染、地震、交通や人の流れ、騒音、大気汚染のデータを収集する各種検出技術のプラットフォームとして活用可能だ。これらのスマートな街灯をネットワークと接続することで、街中の様子をリアルタイムで感知できるようになるほか、公衆安全などの分野における革新的ソリューションの提供や、空き駐車スペース情報の提供が可能になる。

出典："Top Ten Urban Innovations", Global Agenda Council on the Future of Cities, World Economic Forum, October 2015

国際安全保障

第四次産業革命は、国家間の関係や国際安全保障の性質に大きな影響をおよぼす。第四次産業革命に関連する重要な変革のなかで、安全保障は政府機関や防衛産業以外の場で十分に議論されていないため、本項ではこの問題を重点的に取り上げる。

非常に危険なのは、不平等が拡大するハイパーコネクティビティ社会は分離、差別、社会不安を増加させ、それがさらに暴力的過激主義の台頭を促す可能性があることだ。第四次産業革命は安全保障上の脅威の性質を変えるとともに、地理的な権力の移行や、国家から非国家主体への権力の移行にも影響を与える。すでに複雑さを増している現在の地政学において、武装した非国家主体の台頭が起きており、国際安全保障上の重要問題に関する協調のための共通プラットフォーム確立は不可欠である。その解決がより困難な問題だとしても。

接続性、細分化、社会不安

私たちが生きているハイパーコネクティビティ社会は、情報やアイデア、人々がこれまで以上の速度で素早く動いている。この世界は不平等が拡大する世界でもある。すでに述べたように、労働市場における大変化によって不平等は悪化していく。社会的疎外の拡大、信頼に足る現代社会の意義づけの不存在、既得権益層や既存構造に対する幻滅といったものは、それらが単なる思い込みか現実かを問わず、過激派のモチベーションを高め、既存システムに対する暴力闘争の新兵募集をやりやすくしている（「コラムE：モビリティと第四次産業革命」を参照）。

二〇一五年に史上最高レベルに達した悲劇的な難民への対応に見られるように、ハイパーコネクティビティは寛容さや適応性を自然と高めるわけではない。だが、ハイパーコネクティビティは、違いを受け入れて理解するという一致点を見出せる可能性も秘めている。これはコミュニティの分裂ではなく、団結をもたらすものだ。しかし、この流れを推し進めていかなければ、待っているのはさらなる分裂である。

COLUMN E

モビリティと第四次産業革命

世界中の人々の移動は、大きな影響を与える現象であるとともに富を生み出す大きな原動力でもある。第四次産業革命はモビリティにいかなる影響をおよぼすのか。その答えを出すには早すぎるかもしれないが、現在のトレンドから推測できることは、移住が今後の社会と経済学において、より重要な役割を果たすようになるということだ。

人生における大望の実現

接続性の向上により、他国の出来事やチャンスを素早く知ることができるようになった。これに対応して、モビリティは人生の選択という側面を強めている。とくに若者が行う人生の選択である。職探し、学習欲、身の安全を図る、家族との再会など、個人の動機は千差万別だが、地平線の向こうに解決策を見つけようとするタイミングが非常に早くなった。

個人のアイデンティティの再定義

これまで個人が自分の人生と密接に関連があると考えてきたのは、場所や民族、特定の文化、言語だった。オンライン社会となって他の文化の概念に触れることが多くなったことで、アイデンティティの代替可能性がこれまで以上に高まっている。現代人は以前よりも簡単に複数のアイデンティティを使いこなすことができるようになった。

家族のアイデンティティの再定義

伝統的な移住パターンと低コストの接続環境の組み合わせにより、家族構成の再定義が起きている。いまや多くの家族が世界中にちらばり、デジタル機器のおかげで家族間の会話がたえず可能になっている。伝統的な世帯は国境を越えた家族ネットワークへと変貌した。

労働市場の再配置

労働者のモビリティは国内労働市場を良くも悪くも変質させる可能性を秘めている。発展途上国の労働者は人的資源のプールであり、先進国の労働市場ニーズを満たせる多様なスキルレベルの人材が揃っている。人材のモビリティは、創造力や産業革新、労働効率の推進力といえる。一方で、国内市場への移民労働者の流入は、受入国側で適切な管理を怠れば賃金のねじれや社会不安を、送出国では貴重な人的資本の喪失につながる可能性がある。

デジタル革命は、コミュニケーションと「モビリティ」の新たな機会を生み出した。これらは物理的移動性を補完し、強化した。第四次産業革命でも同様の結果が起こると思われる。物理的、デジタル、生物学的世界の融合が、時間的、空間的制約を超越するだろう。その過程でモビリティを推進する。そのため、第四次産業革命が抱える問題の一つになると思われるのが人の移動に関する管理である。主権国家の権利・義務と個人の権利・願望との整合、国家と個人の安全保障の調整、多様性が拡大するなかで社会的調和を維持する方法の発見を通じて、恩恵が存分に行き渡るようにすることが重要となる。

出典：Global Agenda Council on Migration, World Economic Forum

変わりゆく闘争の性質

第四次産業革命は、闘争の規模のみならず、その性質にも影響をおよぼすと見られる。戦時と平時、戦闘員と非戦闘員の区別は曖昧になっている。同様に、戦場は局地的であり、かつ世界的になっている。ＩＳＩＳなどの組織は主に中東の特定地域で活動しているが、ソーシャルメディアを活用して一〇〇カ国以上から兵士を補充し、世界のどこででも関連テロ攻撃が起こり得るようになっている。現代の闘争は本質的にハイブリッドになっている。伝統的な戦闘技術と、かつては非国家の武装集団に特有のものだった要素が組み合わさっている。ますます予想外の方法で技術の融合が起き、国家と非国家の武装集団の間で相互学習が起きているなかで、このハイブリッド化が持つ潜在的重要性はまだ広く理解されていない。

進行中のこうしたプロセスや、破壊的な新技術の獲得や利用が容易になったことからも、第四次産業革命は大規模に他者へ危害を与える多様な方法をもたらすということが明白である。脆弱性の大きさを感じるだろう。

しかし、暗い話題だけではない。技術へのアクセスは、戦争における精度の向上、最新の戦闘用防護服、不可欠なスペアパーツやその他の部材を戦場でプリントする能力などを実現させる可能性がある。

サイバー戦争

サイバー戦争は、現代で最も深刻な脅威の一つである。サイバー空間は、かつての地上や海、空中と同様に、戦闘空間となっている。将来の戦争、とくに高度に進歩した主体同士の戦争においては、戦闘空間が物理的世界を含むかどうかはわからない。だが、サイバー空間の戦闘は確実に起きる。敵は、攻撃先のセンサーや通信装置、意思決定能力を途絶、混乱、破壊したいという願望を持っているからだ。

これは戦闘開始を簡単にするだけでなく、戦時と平時の区別も曖昧にするだろう。軍事システムから生活インフラ（エネルギー源、配電網、医療、交通管制、上水道など）まで、いまやあらゆるネットワークや接続デバイスが、ハッキングや攻撃を受ける可能性があるからだ。結果として「敵」という概念も変化する。従来の戦争と異なり、現代の戦争では自分を攻撃しているのが誰か、そして、攻撃を受けたかどうかもわからないこともあり得る。これまでの防衛、軍事、国家安全保障の戦略家は、一部の敵性国家だけを想定していた。だがいまや、ハッカー、テロリスト、活動家、犯罪者、その他の潜在的敵対者から構成される、ほぼ無限で不明瞭な世界を想定しなければならなくなっている。サイバー戦争は、さまざまな形態で起こり得る。犯罪活動やスパイ行為といったものから、スタックスネットのような破壊的行動までさまざまであり、その新しさと対応の困難さから往々にして過小評価されたり、誤解されたりしている。

二〇〇八年以降、特定の国や企業を狙ったサイバー攻撃の例が多数見られるが、こうした新たな戦争の時代に関する議論は初期段階にあり、サイバー戦争の高度な技術的側面を理解する者とサイバー政策策定者とのギャップは日に日に拡大している。核兵器、生物兵器、化学兵器に関して策定された規範と同じような、サイバー戦争に関する一連の共通規範を考案できるかどうかは手つかずとなっている。どのような状態を「攻撃」と呼ぶのか、誰が、どのように対応するのが適切なのか、合意された分類法さえない。こうした状況を管理する際の諸問題の一つとして、越境移動しているデータの定義が挙げられる。それを決めることで、相互接続を深める世界からの前向きなアウトプットを妨げることなく、国境を越えるサイバー取引を効果的に監督しつづけるには、どれくらいまで追うべきなのかを示せる。

自律的戦争

軍用ロボットやＡＩ制御の自動兵器の配備を含む自律的戦争は、将来の戦争の在り方を一変させるであろう「ロボット戦争」の時代を予感させる。

さらに多くの主体（国家と企業）によって光ファイバーケーブルや衛星トラフィックの途絶が可能な衛星打ち上げや無人水中機の配備が可能になるにつれ、海底や宇宙にも軍隊が配置される可能性が高くなる。犯罪組織ではすでに、既製のクアッドコプター型ドローンを使った敵組織へのスパイ活動や攻撃が行われている。人間が関与せずに目標を認識し、攻撃開始を判断できる自律型兵器はますます実現に近づき、戦時国際法の意味を問うことだろう。

COLUMN F

国際安全保障を一変させるエマージングテクノロジー

ドローン

本質的には空飛ぶロボットで、現在は米国が主導しているが、その技術は広く普及し価格も手頃になっている。

自律型兵器

ドローン技術とＡＩを組み合わせたもので、あらかじめ定められた基準に従い、人間の関与なしに目標を選択し交戦する能力を持つ可能性がある。

宇宙の軍事化

現存する衛星の半数以上は商用だが、通信衛星の軍事的重要性が増している。新世代の極超音速滑空兵器が登場すると見られており、宇宙が将来の紛争の一翼を担う可能性が高まっている。また現在のメカニズムでは、宇宙空間の活動規制には不十分との懸念が生まれている。

ウェアラブルデバイス

極度のストレス環境下で健康状態の維持や行動の最適化が可能になるほか、約九〇キログラムの荷物を軽々と運べるような外骨格を作り出し、兵士の能力を高めることも可能だ。

付加製造

デザインのデジタルデータと現地調達の素材を使用して交換パーツを現場で製造可能にするため、サプライチェーンに革命をもたらすだろう。また、粒径や爆発の制御能力が向上した新たな種類の弾頭開発も可能になるだろう。

再生可能エネルギー

現地での発電を可能にするこの技術はサプライチェーンに大変革をもたらすとともに、遠隔地でもオンデマンドでパーツ印刷を行う能力を向上させる。

ナノテクノロジー

ナノテクノロジーは、自然界には存在しない特性を持つメタマテリアルやスマート素材に発展し得る。この技術により武器・兵器類は情報処理能力、重量、携帯しやすさ、性能、精度の面でより優れたものとなり、最終的には自己複製および組み立てが可能なシステムが誕生すると見られる。

生物兵器

生物兵器は戦争自体とほぼ同じ歴史を持つが、バイオテクノロジーや遺伝学、ゲノミクスの急速な進歩は高性能な致死性の高い兵器誕生を予感させるものとなっている。風で運ばれるデザイナーウイルス、強化されたスーパーバグ、遺伝子操作された伝染病などは、将来起こる可能性のある終末シナリオの基礎を成す。

生物化学兵器

生物兵器と同様に、技術革新によりこれらの兵器の製造はまるで日曜大工のように簡単になっている。そして、それらの運搬にはドローンが使用されると見られている。

ソーシャルメディア

デジタルチャンネルは情報の拡散や大義名分の下での行動の準備に役立つものの、悪質なコンテンツやプロパガンダの拡散にも使われる可能性がある。ISISのような過激派グループは、ソーシャルメディアを利用して支持者の募集や動員を行っている。一〇代後半の若者はとくに誘惑されやすく、転落を防ぐには安定的な社会支援ネットワークが不可欠となる。

「コラムF：国際安全保障を一変させるエマージングテクノロジー」で解説している技術の多くはすでに存在している。一例を挙げると、機関銃二門とゴム弾を装塡した銃を搭載したサムスンのSGR-A1ロボットは、韓国の非武装地帯で歩哨として活動している。現在は人間のオペレーターが操作しているが、プログラミングにより自律的に攻撃目標を認識し、交戦ができるようになるとされている。

二〇一四年、英国国防相とBAEシステムズはステルス攻撃機タラニスのテストに成功したと発表した。ラプターの別名を持つこの機体は最低限のオペレーター操作で離陸から所定の目的地に向かい、設定された目標を発見可能となっている。こうした例は他にもたくさんある(原註50)。これらは今後も増加し、その過程で地政学、軍事戦略および戦術、規制および倫理観に共通する重大な問題を提起すると見られる。

世界の安全保障の新境地

本書で幾度も強調しているように、新技術が最終的にどうなるのか、未来に何が待っているのかについての私たちの認識は限られている。国際安全保障と国内安全保障の分野でもそれは同様だ。考えられるすべてのイノベーションには、有益な応用例だけでなく、負の側面もあり得るのだ。神経機能代替などのニューロテクノロジーはすでに医学的な問題解決に利用されているものの、将来は軍事目的への応用も考えられる。脳組織にコンピューターシステムを接続することで、麻痺状態の患者がロボットの腕や足を操作可能になる。同じ技術を利用すれば、超人的な能力を持つパイロットや兵士が生まれる。アルツハイマー病症状を治療するために設計されたブレインデバイスは、兵士に埋め込めば記憶の消去や新たな記憶の植え付けが可能になる。「非国家主体が神経科学的手法や技術を使うかどうかは、もはや問題ではない。問題は、いつ、どんな技術を使うかである」とジョージタウン大学メディカルセンターの神経科学倫理学者ジェームズ・ジョルダーノは語る。「脳は次なる戦場なのだ」(原註51)。

これら多くのイノベーションの有用性、そして時に無秩序な特性はさらに重要な意味を持つ。現在のトレンドは、かつては政府機関やきわめて先端的な組織に限定されていた広範囲に損害を与える能力が、急速かつ大規模に大衆化することを示唆している。3Dプリンタ技術を用いた兵器からホームラボでの遺伝子工学まで、エマージングテクノロジー全般におよぶ破壊的ツールはより簡単に入手可能となっている。そして本書の主要テーマである「技術の融合」は、本質的に予想不能な力学の出現を促し、既存の法的、倫理的枠組みが試されることになる。

より安全な世界を目指して

これらの問題を前にして、いかにして人々に対して、エマージングテクノロジーがもたらす安全保障上の脅威を真剣に考えるよう訴えればいいのだろうか。さらに重要なこととして、世界規模での官民セクターの協力を生み出し、これらの脅威を軽減することができるのだろうか？

二〇世紀後半、核戦争の恐怖は徐々に相互確証破壊（ＭＡＤ）という比較的安定した状態に取って代わられ、核のタブーが生まれたように思われる。

ＭＡＤの論理が機能していたとすれば、それはごく限られた主体のみが互いを完全に破壊する技術を有し、互いのバランスが保たれていたためだ。しかし、潜在的に致死能力を有する兵器の拡散は、こうした均衡を揺るがす可能性がある。これこそ、核保有国が核クラブの参加者を限定するために協力しあうことに合意し、一九六〇年代後半に核拡散防止条約（ＮＰＴ）交渉を行った理由だった。

他の多くの問題については合意に至らなかったものの、ソ連と米国は、最大の防御は互いの脆弱性を保ちつづけることだと理解していた。これを受けて誕生したのが、ミサイルで発射された核兵器に対する防御策を事実上制限する、弾道弾迎撃ミサイル制限条約（ＡＢＭＴ）だった。ほぼ同じリソースを有する一部の主体に破壊能力が限定されなくなったことで、ＭＡＤのような拡大主義の防止に関する戦術や利害は妥当性が薄れている。

第四次産業革命がもたらす各種変革は、従来と同様に脆弱性を安定と安全に変える、別の均衡を見つけるきっかけとなるのだろうか。まったく異なる見解や利益を持つ主体は、不毛な拡散を回避すべくある種の「暫定協定」を締結し、協力関係を築く必要がある。

関連するステークホルダーは、潜在的に有害なエマージングテクノロジーを規制するために、法的拘束力を有する枠組み、自主的かつ対等な当事者間の基準、倫理規範およびメカニズムの開発に協力する必要がある。これらはイノベーションと経済成長をもたらす研究能力を妨げることがないほうが望ましい。

たしかに国際条約は必要と思われるが、この分野の規制当局は技術進歩についていけないだろうと私は懸念している。進歩の速度は速く、影響は多面的だからだ。そのため、第四次産業革命がもたらすエマージングテクノロジーに適用されるべき倫理規範に関して教育者と開発者が協議し、共通の倫理指針を確立し、社会と文化に組み込むことが急務となっている。政府機関や政府機関をベースとした組織は規制作りで後れを取っているため、実際に主導権を握るのは民間セクターや非国家主体かもしれない。

当然のことながら、新たな戦争技術の開発は比較的孤立した領域で行われている。だが、ゲノム創薬や遺伝子研究など他の分野においても、孤立化と高度専門化が進展し、問題と機会の双方について幅広く議論、理解、管理する能力が低下してしまう可能性を懸念している。

社会への影響

科学の進歩、商業化、イノベーションの普及は、人々がさまざまな状況でアイデアや価値、興味、社会規範を創出、交換するなかで進展する社会過程である。これは新たな技術システムが社会におよぼす影響の全貌を見極めることを難しくする。社会は多くの絡み合う要素から構成され、多くのイノベーションが何らかの方法でそれらと一緒に生まれている。

大半の社会にとっては、伝統的な価値体系が持つ滋味豊かな側面を利用しつつ、いかに新たな現代性を吸収し、対応していくかが大きな問題となる。第四次産業革命は、多くの基本的仮定を検証するものになる。宗教的な基本的価値観を擁護する厳格な宗教社会と、より世俗的な世界観を基に形成された信念を持つ者との間に存在する緊張状態を悪化させる可能性がある。世界の協調と安定にとって最大の危険は、イデオロギーで刺激された暴力で進歩に戦いを挑む急進的な過激派グループから生まれてくるのかもしれない。

南カリフォルニア大学アンネンバーグ・スクール・オブ・コミュニケーション&ジャーナリズムのコミュニケーション技術社会論の教授で社会学者のマニュエル・カステルは次のように述べている。「大きな技術的変化に直面した人々や企業、組織は常に変化の重大さを感じるが、しばしばそれらに圧倒され、それらがもたらす影響に対してまったくの無知になる」(原註52)。無知による気後れは何としても避けるべきもので、現代社会を構成する多様なコミュニティの形成、発展、相互関係においてはなおさらだ。

第四次産業革命が経済や企業、地政学、国際安全保障、地域、都市におよぼすさまざまな影響についてのこれまでの議論から、新たな技術革命が社会に多様な影響をおよぼすことは明らかだ。次の項では、変化の最も重要な推進力について考察していく。一つは、不平等拡大の可能性が中流階級にもたらすプレッシャーである。もう一つは、デジタルメディアの統合がコミュニティの形成と相互関係にもたらす変化である。

不平等と中流階級

経済や企業に対する影響に関する議論では、現在までの不平等の拡大に寄与した構造的変化が明らかになっている。第四次産業革命の進展によって、さらに不平等が拡大する可能性がある。ロボットやアルゴリズムにより、労働力ではなく資本の必要性が高まる一方、投資（より正確には、デジタル経済における事業開発）には大きな資本をあまり必要としなくなっている。かたや労働市場では求められる技術的スキルセットに偏りが生じ、世界的に結合されたデジタル・プラットフォームや市場は少数の「スター」に桁外れの報酬をもたらしている。こうしたトレンドの誕生で勝者となるのは、熟練度の低い労働または普通資本のみを提供可能な人々ではなく、新たなアイデアやビジネスモデル、製品やサービスの提供を通じて、イノベーション主導のエコシステムに本格的に参加できる人々である。

こうした力学により、技術は高所得国の人口の大半に収入の停滞、あるいは減少をもたらす主な理由とみなされている。事実、現代は実に不平等な世界となっている。クレディ・スイスの「グローバル・ウェルス・レポート2015」によれば、世界全体の全資産の半分は、世界人口の一％にあたる富裕層が所有する一方、「世界人口の下位半分の資産を合計しても世界全体の一％未満」となっている(原註53)。経済協力開発機構（OECD）の報告では、OECD加盟国の人口の一〇％にあたる富裕層の平均所得は、最下層一〇％の約九倍となっている(原註54)。さらに、大半の国々において不平等は拡大している。すべての所得層で急成長が見られ、貧困層の人口が劇的に低下した国々においても不平等が拡大している。たとえば中国のジニ係数は、一九八〇年代の約三〇から、二〇一〇年時点で四五以上に上昇した(原註55)。

不平等の拡大は一部の人が懸念する単なる経済現象ではなく、社会にとって大きな問題である。英国の疫学者であるリチャード・ウィルキンソンとケイト・ピケットは『平等社会』で、不平等な社会は、暴力が悪化し、受刑者が増え、精神疾患や肥満が増加し、平均余命は短くなり、信頼の低下につながる傾向があるとデータで示している。そして必然的結論として、平均所得を調整したより平等な社会は、子供の健康水準が向上し、ストレスや薬物使用が少なくなり、乳児死亡率の低下が見られるとしている(原註56)。その他の研究者は、より高いレベルでの不平等の拡大は差別を増加させるとともに、子供や若年成人の教育成果を悪化させるとしている(原註57)。

経験的データは信頼性に欠けるが、不平等がより拡大すれば、社会不安がより深刻化するという不安が広がっている。世界経済フォーラムの「グローバル・リスク・レポート２０１６」（*Global Risks Report 2016*）で指摘された二九のグローバル・リスクおよび一三のグローバル・トレンドのうち、最も強い相互連関が見られたのが所得格差の拡大、失業または不完全雇用、深刻な社会不安だった。以下に詳述するように、より高度な接続性とより大きな期待が存在する世界では、何らかの成功を享受したり、人生の意義を発見したりできる機会がないと人々に感じさせることが、重大な社会的リスクにつながる可能性がある。

今日、中流階級の仕事は、もはや中流階級のライフスタイルを保証できなくなっている。過去二〇年間で中流階級のステータスとなっていた四つの伝統的属性（教育、健康、年金、持ち家）は、インフレによって悪化している。米国と英国では、いまや教育が贅沢品のような位置づけになっている。中流階級からのアクセスがますます限られてくる勝者総取りの市場経済は、社会問題を悪化させる大衆の不安感と職務怠慢の浸透につながる可能性がある。

コミュニティ

広義の社会的視点では、最も大きな（そして最も注目すべき）デジタル化の影響の一つに「自分中心型」社会の出現——個性化のプロセスおよび、新形態の帰属意識とコミュニティの出現——がある。従来と異なり、今日ではコミュニティへの帰属という概念は場所（地域コミュニティ）や仕事、家族ではなく、個人の計画や価値観、興味で定義されるものとなっている。

第四次産業革命の根本要素である新たなデジタルメディアは、個人や集団が、社会やコミュニティの枠組みを作る際の推進力となっている。世界経済フォーラムのレポート「デジタルメディアと社会」(*Digital Media and Society*)にあるように、デジタルメディアはまったく新しい方法で「個対個」「個対多」のつながりを生み出している。これは時間と距離を越えたユーザー同士の交流の継続を可能とし、新たな利益集団を生み出し、社会的または物理的に孤立した者同士の交流を可能にする。高い利用可能度、低コスト、地理的中立性を特徴とするデジタルメディアは、社会的、経済的、文化的、政治的、宗教的、思想的境界を越えたより大きな交流も可能にする。

オンラインデジタルメディアへのアクセスは、多くの人々に多大な恩恵をもたらす。いまや情報提供(たとえばシリアを脱出した難民は、グーグル・マップやフェイスブック・グループを利用して移動ルートの決定だけでなく人身売買業者との遭遇を回避していた)(原註58)という役割にとどまらず、個人が意見を表明したり市民討論会や意思決定に参加したりする機会も生み出している。

しかしながら、第四次産業革命は市民への権限移譲をもたらす一方、市民に不利益をもたらす可能性もはらんでいる。世界経済フォーラムの「グローバル・リスク・レポート2016」(*Global Risks Report 2016*)は「権限を与えられた(与えられない)市民」という現象を解説している。政府機関や企業、利益集団によるエマージングテクノロジーの活用によって、個人やコミュニティレベルへの権限移譲と排除が同時発生している(「コラムG:権限を与えられた(与えられない)市民」を参照)。

デジタルメディアの大衆性は、ＩＳＩＳやその他のソーシャルメディアに精通したテロ組織の台頭に見られるように、非国家主体、とくに悪意を持ってプロパガンダを広め、過激派の大義に賛同する支持者を集めるコミュニティでも利用されることを意味している。

ソーシャルメディアの特徴である共有の力学は、意思決定を歪め、市民社会に対するリスクとなる危険性がある。直観に反するが、デジタルメディアが豊富にあるという事実は、個人のニュースソースが狭小化し、ＭＩＴの科学技術社会論教授で臨床心理学者のシェリー・タークルが言う「沈黙のスパイラル」へと偏向する可能性があることを意味している。ソーシャルメディア内で私たちが読み、共有し、目にするものは、私たちの政治的態度や市民生活に関する意志決定を形成するため、これは大きな問題といえる。

COLUMN G

権限を与えられた（与えられない）市民

「権限を与えられた（与えられない）市民」という言葉は、二つのトレンド――権限移譲と権限剝奪——の相互作用から生じた力学を表している。情報収集やコミュニケーション、組織化を容易にする技術面の変化によって権限移譲されたと感じる市民は、市民生活への新たな参加方法を経験する。と同時に、個人、市民社会グループ、社会運動、地域コミュニティは、投票や選挙などの伝統的な意思決定プロセスへの有意義な参加から排除され、国家や地域を統治する支配的組織や権力者に影響をおよぼし、意見を伝えられないために、権限を剝奪されたと一層感じるようになる。

これが極限まで高まると、政府機関は自らや企業の活動を透明化し変化を促そうとする市民社会組織や個人グループの活動を抑圧したり迫害したりするために、一連の技術を採用する可能性が生まれるという危険がある。世界の多くの国では、政府機関が市民社会グループの自主性や活動を制限する法律や、その他の政策を推進するにつれて、市民社会空間が縮小している証拠が散見される。第四次産業革命の各種ツールは、健全で開放的な社会に逆行する、新たな形態での監視やその他の管理手段を可能にしてしまう。

出典：*Global Risks Report 2016*, World Economic Forum

その一例として、フェイスブックでの投票推進運動のメッセージがおよぼす影響に関する調査がある。「直接的に約六万人の投票者を増やし、間接的に社会的感染を通じた二八万人の投票者を増やし、合計三四万人の追加投票を実現させた」としている(原註59)。この調査は、オンラインで消費されるメディアの選択と普及に関して、デジタルメディア・プラットフォームが持つ力を浮き彫りにしている。また、オンラインテクノロジーが既存の市民参加活動（地元、地域、国家レベルの議会選挙など）を革新的な手法で融合させ、コミュニティに影響をおよぼす意思決定への直接的影響力を市民に与える機会があることを示している。

本項で取り上げたほぼすべての影響と同じく、第四次産業革命はすばらしい機会をもたらす一方で重大なリスクも生じさせる。革命の到来により世界が直面する主な課題の一つは、コミュニティの団結に利益となるデータと問題となるデータの双方を、より大量に収集し、その質を上げていくことだ。

個人への影響

第四次産業革命は私たちの行いだけでなく、私たちの在り方にも変化をもたらす。個人として私たちが受ける影響は多種多様で、アイデンティティや関連する多くの側面に影響がある。たとえば、プライバシーの意味、所有の概念、消費パターン、労働と余暇に費やす時間、キャリア形成、スキル開発などだ。これは人との出会いや関係構築、依存するヒエラルキー、健康に影響をおよぼし、私たちが考えるよりも早く、人類という存在の本質に疑問を抱かせる「人間拡張」へと進展する可能性がある。そしてかつてない速度で進むにつれ、そうした変化は興奮と不安を引き起こす。

これまでのところ、技術は主に物事をより簡単に、より速く、より効率的な方法で行うことに寄与してきた。そして、個人的成長の機会ももたらしてきた。しかし、私たちは恩恵もリスクも多いことに気づきはじめている。上述したすべての理由から、私たちは人類に継続的適応を求める根本的なシステム変化の入口にいる。その結果、変化を受容する者と抵抗する者という、世界の二極化の進行を目撃することになるだろう。

このことは、すでに述べた社会的不平等を超える不平等を生み出す。こうした存在論的不平等は、適応する者と抵抗する者――あらゆる意味における本質的な勝者と敗者――を区別する。勝者は、敗者が排除されてしまう第四次産業革命の特定分野（遺伝子工学など）が生み出す人間の根本的進歩からも、何らかの形で恩恵を受けるかもしれない。私たちがこれまで見たこともないような階級闘争やその他の衝突を生み出すおそれがある。こうした潜在的な分裂とそれが引き起こす緊張状態は、デジタル世界しか知らず育ってきた者と、そうではなく適応が必要な者との世代間格差によって悪化すると思われる。これはまた、多くの倫理的問題を生み出す。

エンジニアである私は、生粋のテクノロジー信奉者でありアーリーアダプターである。だが、多くの心理学者や社会科学者と同様に私が思うのは、私たちの生活における技術の容赦ない統合がアイデンティティの概念におよぼす影響、そしてそれが内省、共感、思いやりなどの人間が本質的に持つ能力を損ねる可能性である。

アイデンティティ、道徳、倫理

バイオテクノロジーからＡＩまで、第四次産業革命が生み出した衝撃的なイノベーションの数々は「人間」を再定義している。これまではＳＦの領分だった方法で、寿命、健康、認知力、能力の限界を押し広げている。これら分野の知識と発見が進展するにつれ、私たちが道徳や倫理についての継続的議論に傾注し、深く関与することが不可欠となる。人間として、そして社会的動物として、私たちは延命、デザイナーベビー、記憶抽出などの問題にどう対応するか、個人および集団の双方の立場で考える必要がある。

それと同時に、これらのすばらしい発見が特定の利益のために利用される可能性があることも理解する必要がある。それは必ずしも一般大衆の利益とは限らない。理論物理学者のスティーブン・ホーキングと、彼の研究仲間のスチュアート・ラッセル、マックス・テグマーク、フランク・ウィルチェックはＡＩから予測されることについて次のようにインデペンデント紙に寄稿している。「ＡＩの短期的影響は制御者が誰かによるが、長期的にはＡＩがはたして制御可能かどうかによる……すべての人々は、利益を得る可能性を増やしつつ、リスクを回避できるように何ができるのか、自問する必要がある」（原註60）

この分野における興味深い進歩の一つが非営利のＡＩ研究企業であるオープンＡＩである。「投資回収の必要性に煩わされることなく、人類全体に恩恵をもたらす可能性が最も高い方法でデジタル・

インテリジェンスを進化させること」を目標に、二〇一五年一二月に設立された（原註61）。Ｙコンビネーター代表のサム・アルトマンとテスラモーターズＣＥＯのイーロン・マスクがリーダーを務める同社は、すでに一〇億ドルの資金を集めている。このイニシアティブは、先に述べた要点を強調している。つまり、第四次産業革命がもたらす最大の影響の一つは、新技術の融合を引き金とした、潜在力を秘めた者への力の付与である。サム・アルトマンは次のように述べている。「ＡＩを進歩させる最善の方法は、個人に力を与え、人間を幸せにし、誰でも自由に利用可能にする方法だ」（原註62）

インターネットやスマートフォンなど特定の技術が人間におよぼす影響は比較的理解が進んでいるとともに、専門家や学界での議論も広く行われている。しかし、その他の影響ははるかに理解が困難で、ＡＩや合成生物学はその例と言える。近い将来、デザイナーベビーを目撃することになるかもしれない。その他、遺伝的疾患の根絶から人類の認知力拡大まで、人間性に対する各種の「編集」を目にするかもしれない。これらは、私たちが人間として直面する最も大きな倫理的、精神的問題を提起すると思われる（「コラムＨ：問われる倫理観」を参照）。

COLUMN H

問われる倫理観

技術進歩は、倫理観の新たな領域へと私たちを追いやっている。生物学の驚異的進歩は、病気や負傷の治療のみに使うべきなのだろうか。あるいは、よりよい人間を創るために使っていいのだろうか。後者を選択した場合、親子関係が消費社会の一部に組み込まれる危険性がある。その場合、子供が商品化され、親の理想どおりに創られるオーダーメイド品になってしまうのだろうか。そして、「よりよい」とは何を意味するのだろうか。病気と無縁になることか？ 長生きすること？ いまより賢くなること？ 速く走れること？ 一定の外見を手に入れること？

AIに関しても、同じように複雑で際どい問題に直面している。人間の先を読む、あるいは人間より優れた思考ができる機械の可能性を考えてみよう。すでにアマゾンやネットフリックスは、ユーザーが見たい、読みたいと思う可能性がある映画や本を予測するアルゴリズムを活用している。パートナー紹介サイトや職業紹介サイトでは、システムが私たちに最適と判断するパートナーや仕事を提案してくれる。相手や職場が世界のどこであろうとだ。私たちはどうすればいいのだろうか。アルゴリズムが下した助言と家族や友人、同僚からの助言のどちらを信頼するだろうか。ほぼ一〇〇％誤診しないＡＩで動くロボットドクターに診てもらうか。あるいは、長年の付き合いで患者の扱い方を熟知している人間の医師に診てもらうか？

これらの事例や人間にとって持つ意味を考えることは、私たちにとっては未知の領域といえる。これまで経験したことのない人間の変容という時代の幕開けである。

ＡＩや機械学習の予測力については、もう一つ重要な問題がある。ある状況下で私たちが取る行動が予測可能となった場合、そこに個人の自由はあるのだろうか。予測とは違う行動をしたくなるだろうか。こうした進歩は、人間の行動がロボット化する可能性を秘めているのだろうか。さらにこれは、より哲学的問題にもつながる。デジタル時代において、多様性や民主主義の根幹である個性を人類はいかに維持していけるのだろうか？

人と人とのつながり

上述の倫理的問題が示唆しているように、世界のデジタル化とハイテク化が進むにつれ、親密な関係や社会的つながりによって育まれる人間味がより必要となってくる。第四次産業革命がもたらす技術が個人的な関係や集合的な関係を深めるにつれ、ソーシャルスキルや共感能力が悪影響を受ける可能性があるとの懸念が高まっている。こうした事態はすでに見られる。ミシガン大学の研究チームが二〇一〇年に行った調査によれば、大学生の共感能力は二〇〜三〇年前の大学生と比較して四〇%減少し、そうした減少の大半は二〇〇〇年以降に発生している（原註63）。

ＭＩＴのシェリー・タークルによれば、ティーンエイジャーの四四%がスポーツの最中や、家族や友人との食事中でもアンプラグド（インターネットと切断された状態）ではないという。ネットでの交流が優先され、顔を突き合わせての会話が疎かになっていることで、ソーシャルメディアの虜となっている若者世代の全体が相手の話を聞いたり、アイコンタクトをしたり、ボディランゲージを理解したりすることに苦労するおそれがある（原註64）。

モバイルテクノロジーとの関係性はその典型だ。常にネットに接続されているという事実は、私たちの最も重要な資産を奪い去る可能性がある。それは一息ついて内省し、本質的議論に没入する時間だ。しかも技術の支援やソーシャルメディアを介在させずにである。タークルが引用している調査によれば、二人の人間が話をしている際、二人の間のテーブル上または視界に携帯電話が見えるだけで、話の内容と精神的つながりの双方に変化が見られるとしている（原註65）。これは電話を手放すべきだということではなく、「より意図的に」使うべきだという意味である。

その他の専門家も同様の懸念を表明している。技術と文化を専門とするライターのニコラス・カーは、デジタル世界という水に浸かる時間が長いほど注意力が低下して、私たちの認知能力は皮相的になるとして、次のように述べている。「ネットとはそもそも割り込みシステムであり、使う人の注意力を分割させることで力を発揮する機械なのだ。頻繁な割り込みは思考を分散させ、記憶を弱体化させ、使用者に緊張と不安をもたらす。考えようとしている一連の思考が複雑なものであればあるほど、散漫がもたらす機能障害は大きくなる」（原註66）

一九七八年にノーベル経済学賞を受賞したハーバート・サイモンは、すでに一九七一年に「豊富な情報は注意力の貧困につながる」と警告していた。事態は当時よりはるかに悪化している。とくに絶えずストレスを抱えて、あまりに多くの「情報」を詰め込まれ、圧倒され、労働過多になっている意思決定者に顕著だ。「加速の時代では、ゆっくり進むことほど爽快なことはない」と旅行エッセイストのピコ・アイヤーは述べている。「注意散漫の時代では、注意を払うことほど贅沢なことはない。そして動きつづける時代では、じっと座っていることほど重要なことはない」（原註67）

私たちの脳にはあらゆるデジタル機器が二四時間ずっと接続されてキャパシティを奪っており、絶え間ない狂乱に支配された永久運動機関となってしまう危険性がある。私が会う各界のリーダーも、短い記事を最後まで読む「贅沢」はいうにおよばず、一息ついて内省する暇すらないという人が珍しくない。国際社会のあらゆる分野の意思決定者はかつてないほどの消耗状態にあると思われる。多くの両立しない需要が殺到し、フラストレーションを諦念や時には絶望に変えている。新たなデジタル時代では、一歩下がって考えることはほぼ不可能で、じつに困難になる。

公開および個人情報の管理

個人に対してインターネットと相互接続性の向上がもたらす最大の問題の一つが、プライバシーである。ハーバード大学の政治哲学者であるマイケル・サンデルが述べているように「私たちはこれまでにも増して、日常使う多くのデバイスが持つ便利さとプライバシーを自らの意思で交換しているように見える」ため、これはますます深刻な問題となっている(原註68)。エドワード・スノーデンの暴露も一つの契機となり、透明性を深める世界でプライバシーの意味を問う世界的な議論は始まったばかりだ。インターネットは解放と大衆化をもたらす空前のツールになり得ると同時に、無差別かつ広域的でほとんど窺い知ることができない監視社会を実現させるものでもあることが明らかになっている。

なぜプライバシーがそこまで重要なのだろうか。プライバシーが各自に不可欠な理由は、私たち全員が本能的に理解している。プライバシーをとくに尊重せず、隠すことは何もないとする人でも、自分の言動すべてを他人に知られたくはないものだ。自分が監視されていると知ったとき、その者の行動はより順応的かつ従順になることが多くの調査で判明している。

しかし、本書はプライバシーの意味について長々と熟考したり、データ所有権に関する質問に答えたりする場ではない。とはいえ、データ制御の喪失が私たちの精神生活におよぼす影響など、多くの基本的問題に関する議論が今後活発になることは大いに期待している(「コラムI：健康とプライバシーの限度」を参照)。

これらの問題は途方もなく複雑だ。私たちはそれらが潜在的に持つ心理的、道徳的、社会的影響を理解しはじめたばかりだ。プライバシーについては、個人的に予想している問題がある。それは、自らの人生がガラス張りとなり、その大小を問わず自身の無分別が他者に知れ渡ってしまう世界では、進んでトップリーダーの責任を負う者はいないだろうということだ。

第四次産業革命は技術を個人の生活における普遍的かつ最も重要な部分と位置づけるが、私たちはそうした技術的大転換が内なる自己におよぼす影響を理解しはじめたばかりだ。最終的には、私たちは技術の奴隷ではなく、奉仕される側なのだと保証することが各人の義務となる。集団レベルでは、私たちに投げかけられた、技術がもたらす各種問題を適切に理解、分析する必要もある。こうした方法を経てのみ、第四次産業革命は私たちの幸福を害するものではなく増進させるものであると確信できるようになるのだ。

COLUMN I 健康とプライバシーの限度

ウェアラブルな健康管理デバイスに関して現在起こっていることは、プライバシー問題の複雑さを示している。現在、被保険者に対して、ある提案を検討している保険会社が増えている。自分の健康状態——睡眠時間や運動量、日々の歩数、摂取カロリーや種類など——をモニターするデバイスを装着し、情報を保険会社へ提供することに同意するなら、保険料を割引するというものだ。

より健康的な生活を送る動機になるため、歓迎すべき進歩なのだろうか？　あるいは、政府機関や企業による監視が一層押しつけがましくなる面倒な事態なのだろうか？　現時点では、健康管理デバイスの装着は個人の選択肢となっている。

しかし、もう少し先の例を考えてみよう。生産性改善とあわよくば健康保険費用削減も実現させたい会社が、各従業員に対して、健康データを保険会社に送信するデバイスの装着を命じるとしたら？　会社が渋る従業員にデバイス装着を求め、従わなければ罰金を科すとしたらどうだろうか。それまでは個人の意識的選択——デバイス装着の有無——と思われていたことが、承服できない人が出る可能性のある、新たな社会規範の遵守という問題になるわけだ。

今後の展望

第四次産業革命は混乱をもたらすかもしれないが、その中で明らかにされる問題は私たちが生み出しているものだ。したがって、それらの問題に取り組み、新たに出現する環境への適応に必要な変化や政策を実施し、そして繁栄するのは、私たちの才覚にかかっている。

私たちの精神、心、魂という英知を結集させることで、問題に有意義な形で向き合うことができる。そのためには、以下の四種類の知性を育成し、応用することで、混乱の可能性に適応し、方向づけと抑え込みを行っていく必要がある。

①状況把握の知性（精神）——知識を理解し、応用する能力
②感情的知性（心）——思考や感情を処理し、統合する能力。あるいは自分自身とそれらを関連づけたり、それら同士を関連づけたりする能力
③啓示的知性（魂）——公益のために変化をもたらし、行動するための個人および共通の目的意識や信頼感、その他の美徳を活用する能力

④物理的知性（肉体）――自身の健康や幸福だけでなく、個人およびシステム双方の変革に必要なエネルギーを注ぐ、私たちの周りにいる人々の健康や幸福の追求と維持をする能力

①状況把握の知性――精神

優れたリーダーは状況把握の知性を理解し、習得している(原註69)。状況把握とは、新たなトレンドを予想し、全体像を組み立てる能力と意志と定義される。これは有能なリーダーに共通する世代を超えた特徴で、第四次産業革命では適応と生存の前提条件となる。

状況把握の知性を開発するには、意思決定者はまず多様性のあるネットワークの価値を理解する必要がある。伝統的な境界線を越えた幅広い人脈をもってして、初めて大きな混乱に対峙することが可能となる。意思決定者は、目の前の問題に利害関係がある全員と関わる能力と心構えが必要だ。このように私たちは、より広い人脈と誰でも受け入れる土壌が必要となる。

企業や政府機関、市民社会、宗教、学界、若年世代のリーダーとの協調を推進、活用してのみ、現状を全体論的視点で捉えることが可能となる。また、これは持続的変化につながる、融和的なアイデアや解決策を開発し、実施するうえで非常に重要となる。

これは、一九七一年に発表した著書で私が初めて提唱したマルチステークホルダー理論（世界経済フォーラムのコミュニティでは、しばしば「ダボスの精神」と呼んでいる）に組み込まれた原則である(原註70)。分野や職業の境界線は人為的なもので、以前にも増して非生産的であると証明されている。

効果的なパートナーシップを構築するネットワークの力で、この障壁を打ち破ることが、これまでにも増して重要となっている。それができなかったり、多様性のあるチームが構築できなかったりして言行一致が果たせない企業や組織は、デジタル時代がもたらす混乱への適応に苦労するだろう。

さらにリーダーは、自らの精神的、概念的枠組みと、組織化原理を変える能力があることを証明する必要もある。破壊的で急速に変化する今日の世界では、自己中心的な思考や将来に対する固定的観念は通用しなくなっている。一九五三年に哲学者のアイザイア・バーリンは、作家と思想家に関するエッセイの中で、ハリネズミになるよりキツネになるべきとしている。複雑さと混乱を深める環境での活動には、ハリネズミの狭小かつ固定的な視点よりも、キツネの理知的かつ社交的な敏捷性が必要となるのだ。これを日常的な表現に言い換えると、リーダーは自己中心的な思考に陥ってはならないということだ。問題や争点、課題に対するリーダーのアプローチは、全体的で柔軟性と適応力があり、多様な利益と意見を絶えず融和させたものである必要がある。

②感情的知性——心

感情的知性（ＥＱ）は、状況把握の知性の代用ではなく、補足する存在であり、第四次産業革命にますます不可欠な特質となっている。イェール大学エモーショナル・インテリジェンス・センターの経営心理学者デビッド・カルーソが述べているように、感情的知性は合理的知性の対極とみなすべきではなく、「心が頭に勝るのではなく、心と頭は独特の形で交わっている」のだ(原註71)。学術文献では、感情的知性はリーダーをより革新的に、そしてチェンジエージェントにするものとして評価されている。

ビジネスリーダーと政策立案者にとって、感情的知性は第四次産業革命の時代に成功を収めるために不可欠なスキル――自己認識、自己統制、モチベーション、共感、ソーシャルスキル――の重要な基盤となる(原註72)。感情的知性を専門的に研究する学者は、意思決定者の優劣を分けるのは、感情的知性のレベルと質を継続的に高める能力にあるとしている。

持続的で強烈な変化を特徴とする世界では、高度な感情的知性を持つリーダーを多数抱える組織は、より創造的になれるだけではない。より機動的で回復力(混乱対処に不可欠な特質)があるとされている。部門横断的コラボレーションを制度化したり、組織の階層をフラットにしたり、多くの新アイデア創出を促す環境を構築したりするなどのデジタル的思考様式は、感情的知性に深く依存している。

③啓示的知性――魂

第四次産業革命という波を効果的に乗り切るための重要な要素の三つ目は、啓示的知性である。ラテン語の「呼吸する(*spirare*)」に着想を得た啓示的知性は、意味と目的を継続的に追い求めることを意味する。共通の運命感に基づく新たな集団的意識や道徳的意識へと、創造的な欲求を伸ばし、人間性を高めることを目指している。

ここで重要になるのが共有の概念である。すでに述べたように、もしも技術が自分中心社会を志向する理由の一つだとすれば、自己へと向かうこの潮流のバランスを取り戻すことが必要になる。それには共通の目的意識の広がりが欠かせない。これは私たち全員が一緒に行うべきで、連帯によって共通の目的意識を持てなければ、第四次産業革命がもたらす各種問題への対処も、その恩恵の享受もできなくなるおそれがある。

そのためには、信頼が不可欠となる。高い信頼はエンゲージメントやチームワークを促進するもので、協調的イノベーションが必須となる第四次産業革命ではより切実に求められる。関連する構成要素や問題は数多くあるため、このプロセスは信頼が存在する環境で育まれた場合のみ起こり得る。最終的には、すべてのステークホルダーが、イノベーションが公益を追求するものになるよう関与することになる。主要ステークホルダーの中に、イノベーションが公益を追求していない感じる者が現れたら、信頼は損なわれるだろう。

変化が常態化する世界では、信頼は最も重要な特質の一つとなる。意思決定者がコミュニティ内に存在し、個人的目的の追求ではなく共通利益を目指した意思決定が常態化したとき、初めて信頼を獲得し、維持することができるようになる。

④物理的知性——肉体

状況把握、感情的、啓示的知性は、いずれも第四次産業革命に対峙して恩恵を享受するために不可欠な特質である。しかし、これらを支える強力な基盤として必要となるのが、個人の健康や幸福の維持、追求に関する四つ目の知性、すなわち物理的知性である。変化が加速し、複雑性が増し、意思決定プロセスに関与する者が増えるにつれ、健康な体とプレッシャーの下でも動じない心がますます必要とされるため、物理的知性が非常に重要となってきている。

近年盛んになっているエピジェネティクスは、環境が遺伝子発現に変化をもたらすプロセスを扱う生物学の一分野で、生活における睡眠や栄養、運動の重要性を強調している。たとえば、定期的な運動は私たちの思考や感情によい影響をもたらすとともに、仕事上の成果と究極的には成功を収める能力に直接的な影響を与える。

肉体と精神、感情、世界全体の調和を取りつづけるための新たな方法の理解および会得は非常に重要であり、私たちは医学、ウェアラブルデバイス、体内埋め込み技術、脳研究など多くの分野で見られる驚異的な進歩を通じてそれらを学んでいる。さらに、私が何度も述べているように、リーダーには同時発生する多くの複雑な問題を効果的に処理するための「優れた胆力」が必要となる。これは第四次産業革命がもたらす機会を適切に捉え活用するうえで、ますます重要となっている。

新たな文化復興に向けて

詩人のライナー・マリア・リルケは「未来は私たちの中にある……実際に未来が訪れるはるか以前に、私たちの中で変化を遂げるために」と記している(原註73)。私たちは人新世（アントロポセン）という人類の時代に生きている。私たちはこの時代が歴史上初めて、人類の活動が地球上すべての生命維持装置を形作るうえで主要な影響力を持ったことを忘れてはならない。

すべては私たち次第なのだ。

第四次産業革命の初期段階にある私たちは将来に目を向けている。そして、より重要なことは、その将来への道程に影響を与える能力を持っているということだ。

繁栄に必要とされるものを理解することと、それに基づく行動はまったくの別物である。私たちはどこに向かい、最善の結果を得るためにどのような準備ができるのだろうか。

フランスの啓蒙時代の哲学者で文学者のヴォルテールは、私が本書を執筆している場所からわずか数マイルの場所に長年住んでいたが、彼はこう書き残している。「不確かな状況は不愉快だが、確かな状況は滑稽である」(原註74)。実際、第四次産業革命が何をもたらすかを正確に断言することは愚かだろう。しかし、その方向性がもたらし得る不安と不確実性を前に立ちすくんでしまうのも、また愚かだ。本書で再三述べているように、第四次産業革命がいかなるものとなるかはすべて、その潜在能力を存分に活用する形で具現化する私たちの能力にかかっているのだ。

機会が人を引き付けるものであるのと同じくらい、問題は人の気力をくじく。私たちは一致団結し、その効果と影響に対して適切かつ積極的に備えることで、問題を機会に変えていく必要がある。世界はいまや変化の速いハイパーコネクティビティ社会となり、これまで以上に複雑さを増すとともに細分化が進んでいる。しかし、すべての人々に恩恵をもたらすように、未来を形作ることはまだ可能である。いまがその絶好の機会なのだ。

その第一歩として重要なのが、本書で述べているように、社会のあらゆる分野にわたる継続的な意識喚起と理解促進である。とくに私たちが直面する問題はますます相互接続的になっているため、意思決定においては部分最適思考を捨て去る必要がある。第四次産業革命がもたらす多くの問題に取り組むために必要な理解は、包括的アプローチからのみ得られる。そしてその実現には、さまざまなエコシステムの融合を反映するとともに、官民セクターと各界最高レベルの識者を結集させつつすべてのステークホルダーを考慮した、協調的かつ柔軟な構造が必要となる。

第二に、私たちは共通理解に基づいて、現世代と将来世代に向けて第四次産業革命をどのように具現化するかに関する、積極的で一般的で包括的な構想を作り上げる必要がある。構想の正確な内容は不明だが、そこに含まれるべき非常に重要な特徴はわかっている。たとえば、将来のシステムで具現化されるべき価値観や倫理原則は明確にしておく必要がある。市場は富の創造には効果的だが、個人的活動や集団的活動、育成するシステムの中心には、価値観や倫理観を据える必要がある。それらの構想では、高いレベルで他者の視点を取り入れる作業が着実に行われる必要がある。寛容や尊敬、配慮、思いやりといった視点だ。さらに、構想を助長する共通の価値観を原動力としつつ、権限移譲的かつ包括的である必要もある。

第三に、認知度の向上と共通の構想を根拠として、第四次産業革命がもたらす機会を存分に活用するための経済、社会、政治システムの再編に乗り出す必要がある。現行の意思決定システムと主流となっている富の創造モデルは、過去三度の産業革命を通じて設計され、だんだんと進化してきたものだ。しかし、第四次産業革命において、もはやこれらのシステムは現世代のニーズに合致しないし、より端的にいえば将来世代のニーズに通用しなくなっている。そうした状況下では、体系的なイノベーションと小規模ではない調整、もしくは少なくとも改善が必要となる。

これら三つの段階が示しているように、私たちが目指すものの達成には発言権を有するすべての当事者との、地域、国家、超国家レベルでの継続的な協力と対話が不可欠となる。その際は、技術的側面に偏らず、基礎的条件を重視する必要がある。進化論者でハーバード大学の数理生物学教授であるマーチン・ノワックが指摘しているように、協力は「人類の罪を贖う唯一のもの」なのだ(原註75)。協力は、四〇億年の歴史を担ってきた立役者であり、高まる複雑性のなかでの適応、目覚ましい進歩が実現する環境下での政治的、経済的、社会的結束の強化を可能にする推進力となっている。

多様なステークホルダーの効果的な協力があれば、第四次産業革命は世界が現在直面している主な問題に対処し、場合によっては解決できる可能性があると確信している。

結局、すべては人々や文化、価値観にかかっているのだ。実際、文化や国家、所得階層を越えて、すべての市民に第四次産業革命とそれがもたらす文明史的課題を理解させるには、多大な労力を必要とする。

人間を中心に据えた、人間が優先される未来を形作っていこう。人々に権限を移譲し、すべての新技術は何よりも人間が人間のために作り上げたツールであることを絶えず自覚しよう。

イノベーションと技術の中心に人間性と公益追求を据え、それにより持続可能な発展を実現させる未来に向けて、ともに責任を負っていこうではないか。

私たちはさらに前進できる。新技術の時代を迅速かつ責任ある方法で作り上げていくことで、新たな文化的復興の引き金になると確信している。この文化的復興によって、人々は自分たちより大きなもの――真の世界文明――の一部であると感じられるようになる。第四次産業革命は人間をロボット化し、これまで私たちが重視していたもの――労働、コミュニティ、家族、アイデンティティ――を脅かす可能性がある。その一方で、人間を共通の運命感に基づいた新たな集団的、道徳的意識へ到達させる可能性も秘めている。後者となるようにするのは、私たち全員の責務である。

謝辞

世界経済フォーラムに関与する私たち全員は、公的機関と民間企業の協力を通して社会課題の解決を推進する国際機関として、第四次産業革命に関連する課題の明確化に寄与するグローバルなプラットフォームとして貢献する責務を認識している。また、すべてのステークホルダーが、私たちのパートナー、メンバー、支持者と協力して、予防的かつ包括的な方法で適切な解決策を実現するのを支援する責務も認識している。

こうした理由から、ダボス＝クロスターズで開催された世界経済フォーラム年次総会２０１６のテーマは「第四次産業革命をマスターする」（Mastering the Fourth Industrial Revolution）とした。私たちは、すべての課題、プロジェクト、総会において、このテーマをめぐる建設的な協議やパートナーシップを推進することを確約している。二〇一六年六月に中国天津で開催される世界経済フォーラムのニュー・チャンピオン年次総会でも、研究、テクノロジー、商業化、規制の各分野のリーダーとイノベーターが一堂に会して、第四次産業革命をどのように利用すればすべての人々にできるだけ大きな利益をもたらすことができるかについて、アイデアを交換する重要な機会を提供する。これらすべての活動のために、本書が入門書や案内書として役に立ち、リーダーが政治的、社会的、経済的に重要な意味のある活動に取り組み、そうした活動を実現するテクノロジーの進歩を理解するきっかけとなることを望んでいる。

本書は、世界経済フォーラムにおける私の同僚全員の熱心なサポートと貢献がなければ実現しなかった。すべての同僚に心から感謝するとともに、調査と執筆の間ずっと重要なパートナーであったニコラス・デイビス、ティエリー・マルレ、メル・ロジャースにとくに感謝したい。また、本書の特定の項にご助力いただいた同僚とすべてのチーム、なかでも経済・社会についてはジェニファー・ブランケ、マーガレッタ・ドルゼニエク・ハノウズ、シルビア・マグノニ、サーディア・ザヒディに、ビジネスと産業についてはジム・ハーゲマン・スネーブ、マーク・スペルマン、ブルース・ウェイネルトに、環境についてはドミニク・ワウグレイに、政府についてはエレナ・ローランに、地政学と国際安全保障についてはエスペン・バース・アイデ、アーニャ・カスペルセンに、ニューロテクノロジーについてはオリバー・オウリエに感謝する。

本書の執筆に際しては、フォーラムのスタッフ全員が格別の専門知識を有していることに脱帽した。ときにはオンラインで、ときには直接、どう考えるべきか分かち合ってくれたすべての人々に感謝したい。とくに、エマージングテクノロジーに関するタスクフォースのメンバーであるデビッド・グレイシャー、リーガス・ハズジラコス、ナタリー・ハツール、フルビア・モントレソール、オリバー・ウフレー、さらには、時間をかけてこれらの問題について深く考えてくれた数多くの人々、チディオゴ・アクニリ、クラウディオ・ココロッキア、ニコ・ダスワニ、メラン・グル、アレハンドラ・グズマン、マイク・ハンレー、リー・ハウエル、ジェレミー・ユルゲンス、ベルニース・リー、アラン・マーカス、エイドリアン・モンク、トーマス・フィルベック、フィリップ・シェトラー・ジョーンズにお礼を申し上げる。

さらに、第四次産業革命についての考えをまとめるのを手伝ってくれたフォーラムのコミュニティの全メンバーにも深く感謝申し上げる。とくに、技術革新の影響と前途に横たわる大きな問題や機会についての私の考えにすばらしいヒントを下さったアンドリュー・マカフィーとエリック・ブリニョルフソン、世界をよりよくするために第四次産業革命を利用するには価値に基づく構想が必要であることを明確に示してくれたデニス・スノウアーとスチュワート・ウォリスにも感謝申し上げる。

さらに、本書のためにインタビューに応じてくれたり、連絡をくれたりしたマーク・ベニオフ、カトリーン・ボスレー、ジャスティン・キャッセル、マリエット・ディクリスティーナ、ムラリ・ドライスワミ、ニタ・ファラハニ、ゼブ・フルスト、ニック・ゴーイング、ビクター・ハルベルシュタット、胡厚崑、李桑葉、アレッシオ・ロムスキオ、馬雲（ジャック・マー）、エレン・マッカーサー、ピーター・モーラー、バーナード・メイヤーソン、アンドリュー・メイナード、ウィリアム・マクドノー、ジェームズ・ムーディ、アンドリュー・ムーア、マイケル・オズボーン、フィオナ・パウア・シュワブ、フェイケ・シベスマ、ビシャル・シッカ、フィリップ・シンクレア、ヒラリー・サトクリフ、ニーナ・タンドン、ファリダ・ビス、サー・マーク・ウォルポート、アレックス・ワイアットにもお礼申し上げる。

フォーラムのグローバル・アジェンダ・カウンシルのネットワークと「未来志向コミュニティ」は、このテーマに精力的に取り組んでおり、本書で論じたすべてのテーマに豊かな識見をもたらしてくれた。「ソフトウェアと社会の未来」「移住と都市の未来」に関する各グローバル・アジェンダ・カウンシルにもとくにお礼を申し上げる。アブダビで開催されたサミット・オン・グローバル・アジェンダ2015の期間中、このテーマに惜しみなく時間と識見を振り向けてくれた各方面のオピニオンリーダー、さらにはフォーラムのグローバル・シェーパーズ、ヤング・グローバル・リーダー、ヤング・サイエンティストのコミュニティ、とくにフォーラムの仮想ナレッジおよびコラボレーション・プラットフォームであるトップリンク（TopLink）を介してアイデアを寄せてくださった皆様にも感謝申し上げる。

編集担当のアレハンドロ・レイエス、デザイン担当のスコット・デイビス、レイアウトと校正担当のカマル・キマウイにもとくにお礼を申し上げたい。

本書を年次総会2016に間に合わせるには、世界中の人々の協力を得て三カ月以内で書き上げる必要があった。このスピードは、第四次産業革命のテンポの速い躍動的な環境をありのままに表している。最後に、私とこれからも旅をし、世界の状態をよりよくするために変わらぬ献身を示してくださる読者の皆様に深く感謝申し上げる。

付章

ディープシフト

第四次産業革命では、ソフトウェア技術によって可能になったデジタル接続が社会を根本的に変える。その影響の規模と生じている変化のスピードは、いままさに起きている変革を人類の歴史上の他の産業革命とはまったく別のものにしている。

世界経済フォーラムの「ソフトウェアと社会の未来に関するグローバル・アジェンダ・カウンシル」（Global Agenda Council on the Future of Software and Society）はこうした革新的なテクノロジーがある程度の割合で公知の事実になるとビジネスリーダーが予想する時期を調査し、これらのシフトの個人、組織、政府、社会にとっての意味合いを十分に理解するために、八〇〇名の企業役員を対象とした調査を実施した。

「ディープシフト――テクノロジーのティッピング・ポイントと社会への影響」（*Deep Shift – Technology Tipping Points and Social Impact*）と題する調査レポートが、二〇一五年九月に公表された（原註76）。この付章では、調査で示された二一のテクノロジーシフトと後から追加された二つのシフトを、ティッピング・ポイントと市場に登場する予想時期と併せて掲載する。

シフト1 体内埋め込み技術

ティッピング・ポイント：最初の体内埋め込み式携帯電話の市販

二〇二五年までに：回答者の八二％がこのティッピング・ポイントが到来すると予想

人々のデバイスへの接続時間が増えており、身体に接続されるデバイスの数が増えている。デバイスは着用されるだけでなく、体内に埋め込まれ、コミュニケーション、位置情報、行動モニタリング、健康状態の確認を行う。

その先駆けとなったのがペースメーカーや人工内耳の埋め込みだが、さらに多くの医療機器が次々と登場している。これらのデバイスは、病気のパラメータ検知を可能にし、各個人の対応を可能にし、データをモニタリング・センターに送るほか、やがては治療薬を自動的に投与することも期待されている。

スマートタトゥーや個人固有のチップによる本人確認や位置情報の確認も可能になる。埋め込み式デバイスは、一般には口頭で表現される考えを「ビルトイン式」のスマートフォンによって伝達するのに役立つだけでなく、脳波や生体信号を読み取ることにより、表現されていない考えや気分を伝達できるようになる。

プラスの影響

- 行方不明になる子供が減る
- 健康へのプラスの効果が増える
- 自分のことが自分でできるようになる
- 意思決定能力が向上する
- 画像認識、個人データの利用可能性が高まる（「イェルプ」のような匿名の口コミネットワークが人間に対して使われる）（原註77）

マイナスの影響

- プライバシーの侵害、監視の可能性
- データセキュリティの低下
- 現実逃避と中毒
- 注意力散漫が増える（たとえば注意欠陥障害）

未確認、あるいはプラス・マイナス両方の影響

- 長寿化

- 人間関係の本質を変える
- 人々の交流・関係の変化
- リアルタイムの本人確認
- 文化的シフト（記憶が消えなくなる）

進行中のシフト

- 電子タトゥーは見た目がよいだけでなく、車のロック解除、指紋で携帯電話のコードを入力する、生体プロセスを追跡するなど有用なタスクを行うことができる。（出典：https://wtvox.com/3d-printing-in-wearable-tech/top-10-implantable-wearables-soon-body/）
- WT VOXに以下の記事が出ている。「スマートダストは、それぞれが砂粒よりも小さいアンテナ付きのコンピューターを並べたもので、体内で必要に応じて複雑な体内プロセス全体に動力を提供するネットワークとなる。スマートダストの一群が早期ガンを攻撃したり、傷の痛みを緩和したり、何重にも暗号化されたハッキング不可能な重要な個人情報の保管庫となったりするのを想像してほしい。スマートダストにより、医師は、患者の身体を傷つけずに体内で措置を行うことができ、何重にも暗号化して患者の情報を体内に保存できるようになる。情報は患者個人がナノネットワークそのもののロックを開けるまで保護される」（出典：https://wtvox.com/3d-printing-in-wearable-tech/top-10-implantable-wearables-soon-body/）

・プロテウス・バイオメディカルとノバルティスが開発したスマートピルは、それ自体に生物分解性のあるデジタルデバイスが取り付けられており、投薬による体内の反応に関するデータを携帯電話に転送する。（出典：http://cen.acs.org/articles/90/i7/Odd-Couplings.html）

シフト2　デジタルプレゼンス

ティッピング・ポイント：八〇％の人々がインターネット上にデジタルプレゼンスを有する

二〇二五年までに：回答者の八四％がこのティッピング・ポイントが到来すると予想

デジタル世界にプレゼンスを有することは、過去二〇年ほどの間に急激に広がった。わずか一〇年前、これは携帯電話番号、メールアドレス、個人ウェブサイトやマイスペースのページを持つことを意味していた。

いまや、人々のデジタルプレゼンスは、デジタルな交流とみなされており、多数のオンラインプラットフォームやメディアでたどることができる。多くの人々がフェイスブックのページ、ツイッターのアカウント、リンクトインのプロフィール、タンブラーのブログ、インスタグラムのアカウントなど、二つ以上のデジタルプレゼンスを持っている。

ますます接続されるようになった世界では、デジタルライフは、個人の実際の生活そのものと密接につながるようになってきている。将来、デジタルプレゼンスを作り上げ、管理することは、人々がファッションや言動を通じて毎日世界にどのように自分自身を表現するかを決めるのと同じように当たり前のものとなる。そのように接続された世界では、デジタルプレゼンスを通じて、事実上世界のどこにいても、人々は情報を求め共有し、自由に考えを表現し、見つけ、見つけられ、関係を築き維持することができるようになる。

プラスの影響

- 透明性が高まる
- 個人と集団の相互接続が増え、迅速化する
- 自由な発言が増える
- 情報の拡散・交換のスピードが向上する
- 行政サービスが効率的に利用できるようになる

マイナスの影響

- プライバシーの侵害、監視の可能性
- なりすましの増加
- オンライン上でのいじめ、ストーカー行為

図1：世界の人口大国とソーシャルメディアのアクティブユーザー数の比較

人口トップ10

1	**フェイスブック**	14億人
2	中国	13億6000万人
3	インド	12億4000万人
4	**ツイッター**	6億4600万人
5	米国	3億1800万人
6	インドネシア	2億4700万人
7	ブラジル	2億200万人
8	パキスタン	1億8600万人
9	ナイジェリア	1億7300万人
10	**インスタグラム**	1億5200万人

出典：http://mccrindle.com.au/the-mccrindle-blog/social-media-and-narcissism

- 利益団体内部の集団思考、分極化の増加
- 不正確な情報の拡散（評判管理の必要性）、エコーチェンバー（原註78）
- 個人が（ニュースや情報の）情報アルゴリズムに精通していない場合、透明性が欠如する

未確認、あるいはプラス・マイナス両方の影響

- デジタル遺産、デジタルフットプリント
- ターゲティング広告の増加
- ターゲットを絞った情報やニュースの増加
- 個人のプロファイリング
- 本人情報の永久化（匿名性がなくなる）
- オンライン上で簡単に社会運動（政治グループ、利益団体、趣味、テロリスト集団）を展開できるようになる

進行中のシフト

・人気の三大ソーシャルメディアを国家として考えると、その人口は中国より約一〇億人多いことになる（図I参照）。

シフト3 視覚が新たなインターフェイスになる

ティッピング・ポイント：眼鏡の一〇％がインターネットに接続される

二〇二五年までに：回答者の八六％がこのティッピング・ポイントが到来すると予想

眼鏡、アイウェア、ヘッドセット、視線追跡装置を「インテリジェント」化し、インターネットおよび接続デバイスとの結合役として両眼と視力を利用する潜在的方法は数多い。グーグル・グラスはこれを実現した初の端末である。

視覚を通じてインターネット・アプリケーションやデータに直接アクセスすることで、個人の体験を拡張、媒介、または完全に増強させることで、まったく別の実体験のように感じる没入型リアリティを提供することができる。さらに、新たな視線追跡技術により、視覚的インターフェイスで情報を入力し、両眼をソースとして情報とやり取りしたり、情報に応答したりすることができる。

指示や視覚化、相互のやり取りを可能にすることで、視覚をそのまま直接的なインターフェイスとすることができれば、人々がさらに十分に世界と関われるよう支援することができる。モノやサービスを生産し、エンターテインメントを体験し、障害者が行動できるようにするための学習、ナビゲーション、指示、フィードバックの方法を変えることによってこれを達成できる。

プラスの影響

- 個人に即時に情報を提供するため、必要な情報を得たうえで指示や仕事、個人的な活動に関する決定が行える
- 製造、医療・手術、サービスの提供のための視覚的支援により、仕事を行い、モノやサービスを生産する能力が向上する
- 障害者が意思の疎通や移動に使える。会話、タイピング、移動、没入型体験により、世界を体験することが可能になる

マイナスの影響

- 注意力散漫が事故の原因になる
- ネガティブな没入型体験によるトラウマ
- 中毒と現実逃避の増加

未確認、あるいはプラス・マイナス両方の影響

- エンターテインメント業界で新たなセグメントが生まれる
- 即時情報の増加

進行中のシフト

グーグル・グラスのほかにも、以下の機能を持つ眼鏡がすでに市場に出回っている。

- 3Dオブジェクトを、まるで粘土で成型するかのように自由に操作する
- 何かを見た瞬間に、脳が機能するのと同じ方法で必要な情報を即時に提供する
- そばを通りかかったレストランのメニューをすぐにオーバーレイ表示で見ることができる
- 紙片に画像または映像を投影する（出典：http://www.hongkiat.com/blog/augmented-reality-smart-glasses/）

シフト4 ウェアラブル・インターネット

ティッピング・ポイント：一〇％の人々がインターネットに接続された服を着ている

二〇二五年までに：回答者の九一％がこのティッピング・ポイントが到来すると予想

テクノロジーは、次第にパーソナル化している。当初、コンピューターは大きな部屋に設置されていたが、その後は机の上に、さらに膝の上におけるサイズとなった。いまでは人々がポケットに入れている携帯電話でもこのテクノロジーが使用されるようになり、衣類やアクセサリーと統合されるのもまもなくである。

二〇一五年に発売されたアップル・ウォッチは、インターネットに接続されており、スマートフォンと同じ機能が多く搭載されている。今後、衣類やその他の装飾具にインターネット接続チップが埋め込まれるようになるだろう。

プラスの影響

- 健康へのプラス効果が高まり、長寿化につながる
- 自分のことは自分でできるようになる
- 健康の自己管理
- 意思決定能力が向上する
- 行方不明になる子供が減る
- 注文服が増える（仕立て、デザイン）

マイナスの影響

- プライバシーの侵害、監視の可能性
- 現実逃避と中毒
- データのセキュリティ

未確認、あるいはプラス・マイナス両方の影響

- リアルタイムの本人確認
- 個人の交流・関係の変化
- 画像認識、個人データの利用可能性が高まる（「イェルプ」のような匿名の口コミネットワークが人間に対して使われる）

進行中のシフト

調査・アドバイザリー企業のガートナーは、二〇一五年中に約七〇〇〇万台のスマートウォッチなどが販売され、その販売総数は今後五年以内に五億一四〇〇万台に増加すると推定している。（出典：http://www.zdnet.com/article/wearables-internet-of-thingsmuscle-in-on-smartphone-spotlight-at-mwc/）

ミモベビーは成長著しいウェアラブル・ベビー・モニターで、赤ちゃんの呼吸状態、位置情報、睡眠活動などをｉＰａｄやスマートフォンに送信する。これは育児支援と呼べるのか、あるいは存在してもいない問題の解決策を作り出しているだけなのか、若干の論争を引き起こしている。ミモベビー支持者は赤ちゃんの睡眠向上に有用だと主張し、批判的立場の人々はセンサーが親代わりにはなり得ないと言う。（出典：http://mimobaby.com/; http://money.cnn.com/2015/04/16/smallbusiness/mimo-wearable-baby-monitor/）
ラルフローレンは、発汗量、心拍数、呼吸の深さなどを測定することにより、リアルタイムのトレーニングデータを提供するスポーツ用シャツを開発した。（出典：http://www.ralphlauren.com/product/index.jsp?productId=69917696&ab=rd_men_features_thepolotechshirt&cp=64796626.65333296）

シフト5　ユビキタスコンピューター

ティッピング・ポイント：人口の九〇%がインターネットに常時アクセス

二〇二五年までに：回答者の七九%がこのティッピング・ポイントが到来すると予想

日々、コンピューターは身近になっているが、インターネット接続されたコンピューターや3G／4Gのスマートフォン、またはクラウドサービスによって、コンピューター・パワー自体がこれほど個人にとって身近になったことはなかった。

今日、世界人口の四三%がインターネットに接続されている（原註79）。そして、二〇一四年だけで一二億台のスマートフォンが販売された（原註80）。二〇一五年には、タブレットの販売台数がパーソナルコンピューター（PC）の販売台数を凌ぐと推定されており、携帯電話の販売台数は六対一の割合でコンピューターを凌ぐことになるだろう（原註81）。普及スピードを見るかぎり、インターネットは他のどのメディアチャンネルよりも速い伸びを示しており、わずか数年以内に世界人口の四分の三がインターネットに常時アクセスすると予想されている。

将来、インターネットや情報への常時アクセスは先進国だけの特典ではなくなり、清浄な水と同じように基本的な権利となるだろう。ワイヤレステクノロジーは他の多くの公益事業（電気、道路、水）より少ないインフラで済むため、他のテクノロジーより格段に速く普及が進むだろう。したがって、国を問わず誰もが世界の反対側から情報にアクセスし、相互通信することが可能になる。コンテンツの創作と普及は、以前にもまして簡単になる。

プラスの影響

- 奥地や低開発の地域（いわゆる「ラストワンマイル」）に住む恵まれない人々の経済参加が進む
- 教育、医療、行政サービスの利用
- プレゼンス
- スキルの取得機会、雇用の拡大、転職
- 市場規模の拡大、電子商取引
- 情報の増大

- 市民参加の増大
- 民主化、政治の転換
- 「ラストワンマイル」：改竄《かいざん》とエコーチェンバーの増大に対する透明性の向上と参加の増大

マイナスの影響

- 改竄とエコーチェンバーの増大
- 政治的分裂
- ウォールドガーデン（すなわち、正規ユーザーのみを対象とした限定的な環境）により一部の地域・国では十分なアクセスができない

進行中のシフト

インターネットを残りの四〇億人のユーザーにも利用できるようにするには、二つの重要な問題を克服する必要がある。それは、アクセスできる環境を整備し、手頃な料金を実現することだ。これらの残りの人々がインターネットを利用できるようにするための競争が進んでいる。すでに、世界の人口の八五％強が、インターネットサービスを提供できる携帯電話の電波塔から数キロ以内に住んでいる(原註82)。世界中のモバイル事業者が急速にインターネットアクセスを拡大している。モバイルネットワーク事業者との共同事業であるフェイスブックのInternet.orgは、昨年一七カ国の一〇億人強が基本インターネッ

トサービスに無料でアクセスできるようにした(原註83)。さらに、最も奥地でも手頃な料金でインターネットに接続できるよう多くの独自の計画が進行中である。フェイスブックのInternet.orgはインターネットドローンを開発中で、グーグルのプロジェクト・ルーンは気球を使ったプロジェクトを進めており、スペースXは新たに低コストの衛星ネットワークに出資している。

シフト6 ポケットに入るスーパーコンピューター

ティッピング・ポイント：人口の九〇％がスマートフォンを使用

二〇二五年までに：回答者の八一％がこのティッピング・ポイントが到来すると予想

二〇一二年に、グーグル・インサイド・サーチのチームは、「グーグル検索の一件のクエリに回答するには、アポロ計画全体（宇宙空間と地上）で行われたコンピューターの全演算と同じくらいの演算量が必要」であると発表している(原註84)。さらに、現在のスマートフォンやタブレットには、一部屋全体を占めていたかつてのスーパーコンピューターの大半より大きな処理能力が搭載されている。

世界全体のスマートフォン契約者総数は、二〇一九年までに三五億人、普及率で五九％に達すると予想されている。また二〇一七年に普及率が五〇％を超えると予想されており、二〇一三年の普及率二八％から大幅な増加となる(原註85)。ケニアの大手携帯電話事業者のサファリコムの発表によると、二〇一四年の電話機の販売数の六七％がスマートフォンである。さらに、ＧＳＭＡは二〇二〇年までにアフリカで約五億人のスマートフォン利用者が生まれると予想している（原註86）。

多くの人々が従来のＰＣよりスマートフォンを使用するようになったため、さまざまな大陸の多くの国で、すでにデバイスのシフトが起きている（アジアがこの潮流を先導している）。テクノロジーの進歩によりデバイスの小型化、コンピューターの処理能力の増大、とくに電子製品の低価格化が進むにつれて、スマートフォンの普及が加速することになる。

グーグルによると、図Ⅱに表示されている国々ではＰＣよりスマートフォンの利用率が高くなっている。

シンガポール、韓国、ＵＡＥなどの国々は、成人人口の九〇％がスマートフォンを使用しているというティッピング・ポイントに一番近づいている（図Ⅲ）。

社会は、ユーザーが常に複雑なタスクをより早く実行できるマシンの採用に向かっている。一人ひとりが使用するデバイスの数は、実行された新しい機能だけでなく、タスクの特殊性によって著しく伸びる可能性が非常に高くなっている。

プラスの影響

- 奥地や低開発の地域（いわゆる「ラストワンマイル」）に住む恵まれない人々の経済参加が進む

図Ⅱ：PCよりスマートフォンの利用率が高い国々（2015年3月）

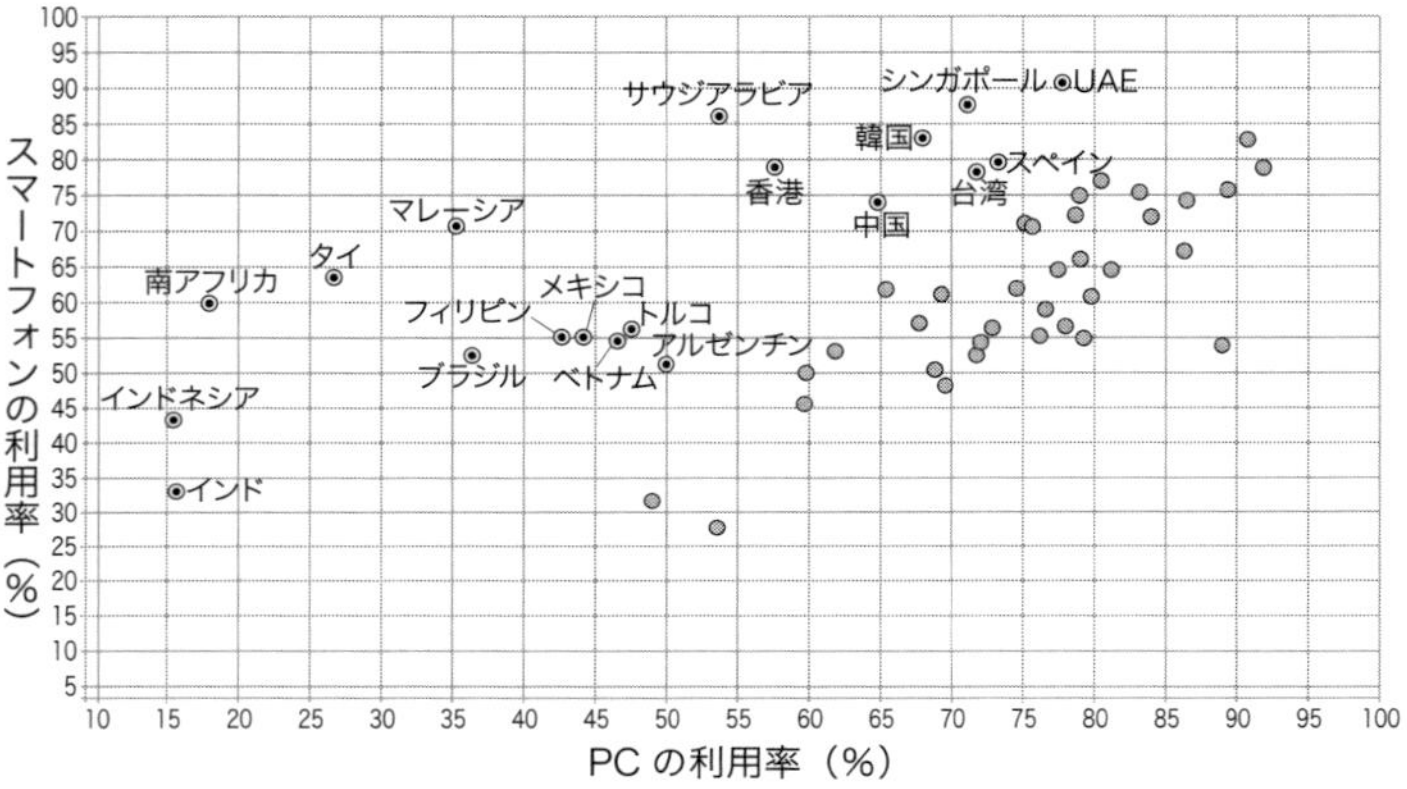

出典：http://www.google.com.sg/publicdata/explore

- 教育、医療、行政サービスの利用
- プレゼンス
- スキルの取得機会、雇用の拡大、転職
- 市場規模の拡大、電子商取引
- 情報の増大
- 市民参加の増大
- 民主化、政治の転換
- 「ラストワンマイル」：改竄とエコーチェンバーの増大に対する透明性の向上と参加の増大

マイナスの影響

- 改竄とエコーチェンバーの増大
- 政治的分裂
- ウォールドガーデン（すなわち、正規ユーザーのみを対象とした限定的な環境）により一部の地域・国では十分なアクセスができない

図III：成人人口の約90％がスマートフォンを使用している国々（2015年3月）

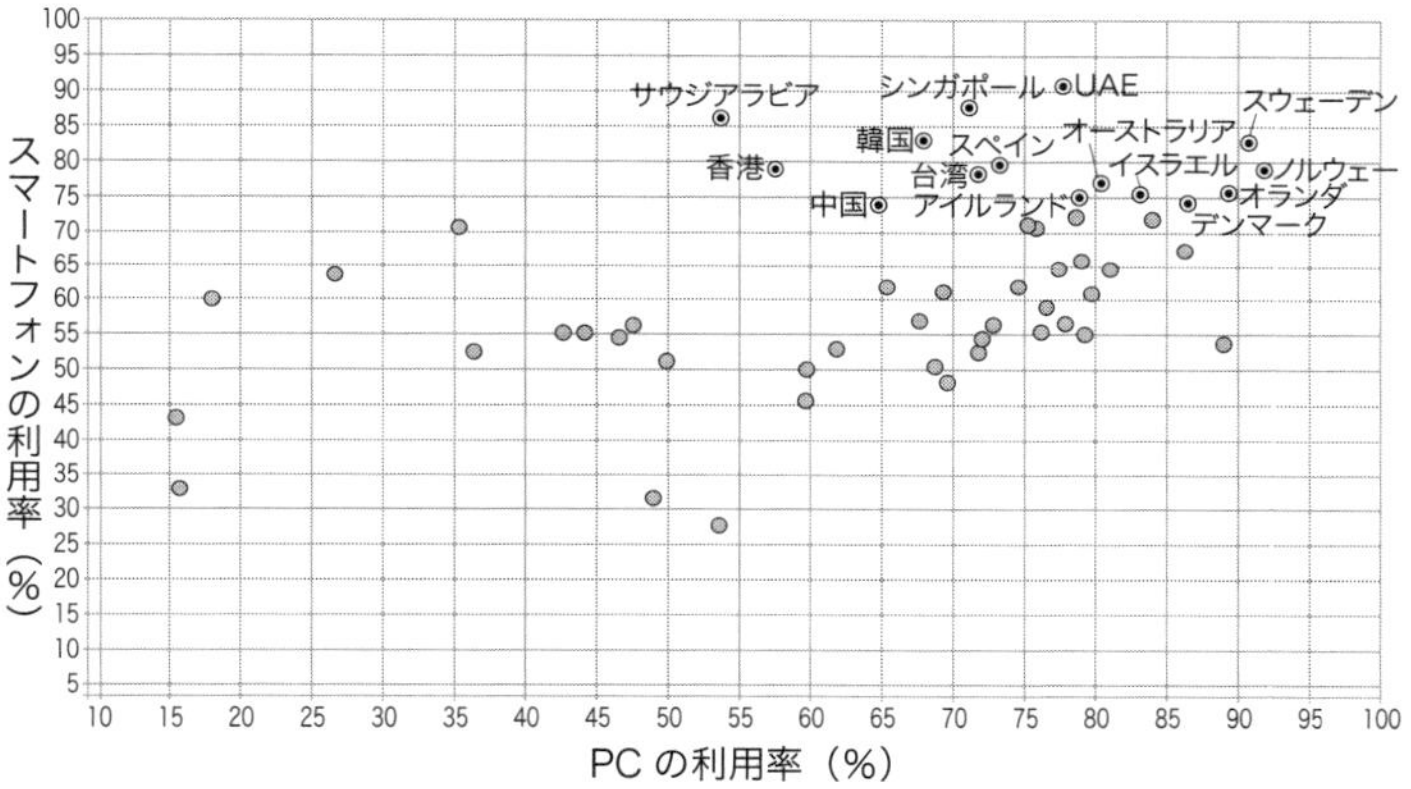

出典：http://www.google.com.sg/publicdata/explore

未確認、あるいはプラス・マイナス両方の影響

- 年中無休で常に稼働状態にある
- 仕事とプライベートの区別がなくなる
- どこでも、どこに行ってもアクセスできる
- 製造による環境への影響

進行中のシフト

一九八五年当時、世界最速のマシンは、Cray－2スーパーコンピューターだった。二〇一〇年六月に発売されたiPhone4のパワーはCray－2並みで、わずか五年後の現在のアップル・ウォッチのスピードはiPhone4の二台分に匹敵している（原註87）。スマートフォンの消費者小売価格が五〇ドル未満に下落し、処理能力が急上昇し、新興市場での普及が加速すれば、ほぼすべての人々が近い将来、文字どおりスーパーコンピューターをポケットに入れて持ち歩くことに

なるだろう。（出典：http://pages.experts-exchange.com/processing-power-compared/）

シフト7　コモディティ化するストレージ

ティッピング・ポイント：九〇％の人々が容量無制限の無料ストレージ（広告付）を保有している

二〇二五年までに：回答者の九一％がこのティッピング・ポイントが到来すると予想

ストレージの容量は過去数年間にすさまじい勢いで増えており、サービス特典の一環としてユーザーにほとんど無償でストレージを提供する企業が増えている。ユーザーは、保存容量を心配せずにコンテンツ量をどんどん増やすことができる。ストレージ容量のコモディティ化は明白なトレンドだ。その一つの理由が、ストレージ料金（図Ⅳ）が指数関数的に（五年で約一〇分の一に）低下していることだ。

世界のデータのおよそ九〇％が過去二年間に作成されたものであり、企業が創出した情報量は一・二年ごとに倍増している（原註89）。ストレージはすでにコモディティ化しており、アマゾン・ウェブ・サービスやドロップボックスのような企業がこのトレンドを主導している。

世界は、ユーザー向けに無料で容量無制限のストレージに向かっており、完全なコモディティ化を指向している。企業が収益を得られる最良のシナリオは、広告やテレメトリになることも考えられる。

図Ⅳ：1ギガバイト当たりのハードドライブのコスト（1980～2009年）

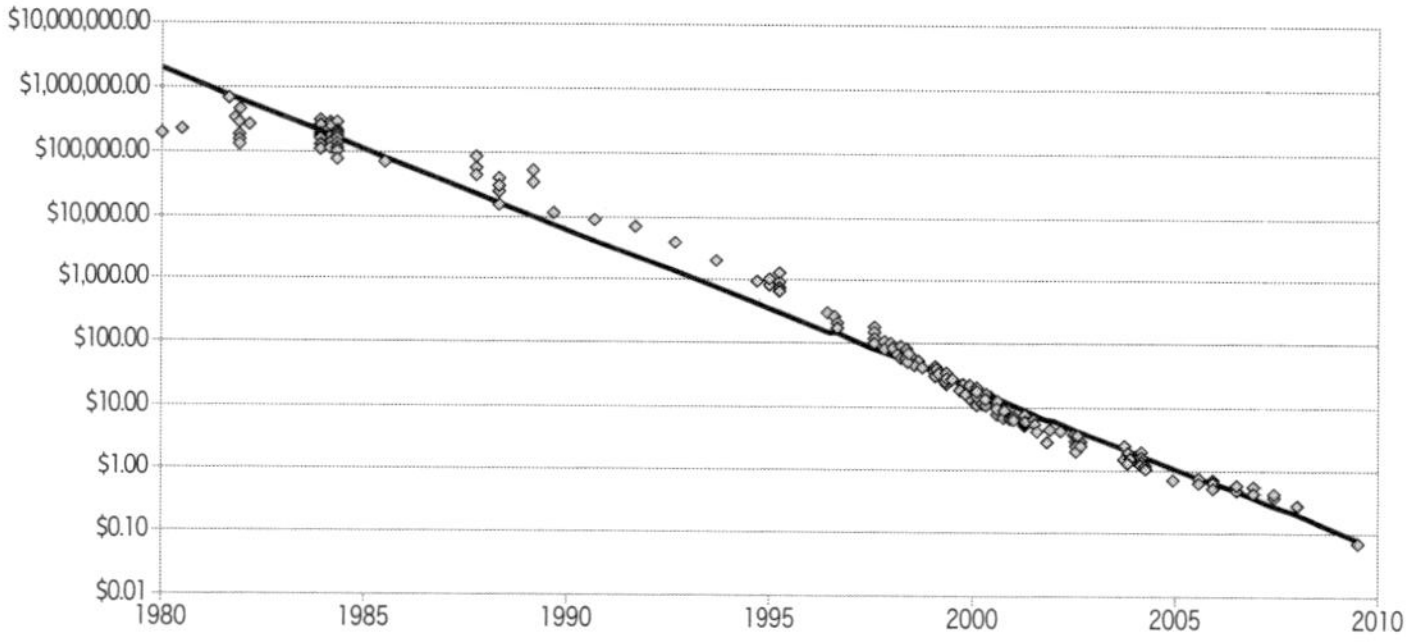

出典："a history of storage costs", mkomo.com, 8 September 2009（原註88）

プラスの影響

・法制度
・歴史学の研究、学界
・営業効率
・個人の記憶の限界を伸ばす

マイナスの影響

・プライバシーの監視

未確認、あるいはプラス・マイナス両方の影響

・外部の記憶（消去できない）
・コンテンツの作成、共有、消費の拡大

進行中のシフト

多くの企業がすでに二ギガバイトから五〇ギガバイトまでの無料ストレージをクラウドで提供している。

シフト8 インターネット・オブ・シングスとインターネット・フォー・シングス

ティッピング・ポイント：一兆にのぼるセンサーがインターネットに接続される

二〇二五年までに：回答者の八九％がこのティッピング・ポイントが到来すると予想

コンピューターの処理能力は継続的に向上し、ハードウェア価格は低下しており、ありとあらゆるモノとコトをインターネットに接続するのは経済的にも妥当である（依然としてムーアの法則に沿っている）(原註90)。インテリジェントセンサーは、非常に競争力のある価格ですでに提供されている。すべてのモノがスマート化し、インターネットに接続されれば、解析性能の向上に応じて通信サービスや新たなデータ主導型のサービス拡大が可能になる。

最近、センサーを使って動物の健康や行動を監視する方法が研究されている(原註91)。ウシに取り付けられたセンサーが携帯電話網を介して互いに通信し、どこからでもリアルタイムにウシの状態についてのデータを提供してくれる。

将来、あらゆる製品（物理的なモノ）をユビキタス通信インフラに接続し、搭載されたセンサーによって、どこからでも周辺環境を把握できるようにしようと専門家は提案している。

プラスの影響

- 資源の利用効率が上昇する
- 生産性が上昇する
- 生活の質が向上する
- 環境への影響
- サービス提供コストが低下する
- 資源の利用と状況に関する透明性の向上
- 安全性（たとえば、航空機、食品）
- 効率性（流通）
- ストレージと回線容量に対する需要の増大
- 労働市場と技能の転換
- 新ビジネスの創出
- 標準的な通信ネットワークでも、リアルタイムアプリケーションが実現可能
- 「デジタル接続可能」な製品のデザイン
- デジタルサービスの製品への上乗せ
- デジタルツィンが監視、制御、予測の正確なデータを提供
- デジタルツィンによるビジネス、情報、社会プロセスへの積極的な参加の実現

・モノに機能を与えて、環境を包括的に把握し、自律的に反応・対応できるようにする
・新たな知識と接続された「スマート」なモノに基づく価値を生成

マイナスの影響

・プライバシー
・未熟練労働者の失業
・ハッキング、セキュリティの脅威（たとえば、電力系統）
・複雑性の拡大、制御不能

未確認、あるいはプラス・マイナス両方の影響

・ビジネスモデルの転換：資産を所有するのではなく借りて使う（アプリケーション・アズ・ア・サービス）
・ビジネスモデルがデータ価値の影響を受ける
・どの会社も潜在的にはソフトウェア企業
・新ビジネス：データの販売
・プライバシーに関する考え方の枠組みの変化
・ITインフラが広大に分散

・知識業務（たとえば、分析、評価、診断）の自動化
・「デジタル真珠湾攻撃」が発生した場合の影響（デジタルハッカーまたはデジタルテロリストが、インフラ基盤を麻痺させ、数週間にわたり食料、燃料、電力の供給を停止させること）
・利用率の上昇（たとえば、自動車、マシン、ツール、機器、インフラ基盤）

進行中のシフト

フォードGTには、一〇〇〇万回線のコンピューターコードが搭載されている。（出典：http://rewrite.ca.com/us/articles/security/iot-is-bringing-lots-ofcode-to-your-car-hackers-too.html?intcmp=searchresultclick&resultnum=2）

人気のフォルクスワーゲン・ゴルフの新モデルは、五四のコンピューター演算装置を搭載しており、七〇〇ものデータポイントが車内で処理され、一台当たり六ギガバイトのデータを生成する。（出典："IT-Enabled Products and Services and IoT", Roundtable on Digital Strategies Overview, Center for Digital Strategies at the Tuck School of Business at Dartmouth, 2014）

二〇二〇年までに、五〇〇億台を超えるデバイスがインターネットに接続されるものと予想されている。私たちが住む銀河系には恒星が約二〇〇〇億個しかないにもかかわらずである。

イートン・コーポレーションは、ホースが擦り切れそうになると検知するセンサーを一部の高圧ホースに取り付けて、危険な事故を防止し、ホースが重要な構成部品となっている機械の高額なダウンタイムコストを節減している。（出典："The Internet of Things: The Opportunities and Challenges of Interconnectedness",

Roundtable on Digital Strategies Overview, Center for Digital Strategies at the Tuck School of Business at Dartmouth, 2014)

ＢＭＷによると、昨年すでに、世界中の車の八％、八四〇〇万台が何らかの形でインターネットに接続されている。この数は、二〇二〇年までに二二％、二億九〇〇〇万台に増える見込みだ。（出典：http://www.politico.eu/article/google-vs-german-car-engineerindustry-american-competition/）

エトナなどの保険会社は、絨毯に取り付けたセンサーを脳卒中の際に役立てられないか考えている。そうしたセンサーが足取りの変化を検知し、理学療法士を手配できるようになる。（出典：“The Internet of Things: The Opportunities and Challenges of Interconnectedness”, Roundtable on Digital Strategies Overview, Center for Digital Strategies at the Tuck School of Business at Dartmouth, 2014)

シフト９　インターネットに接続された住宅

ティッピング・ポイント：インターネットトラフィックの五〇％強が（エンターテインメントや通信用ではなく）住戸内の電化製品とデバイス用となる

二〇二五年までに：回答者の七〇％がこのティッピング・ポイントが到来すると予想

二〇世紀には、住戸内に供給されたエネルギーの大部分が直接的な個人消費用（照明用）だった。だが時間の経過とともに、照明や他の用途のために使用されていたエネルギー量は、トースター、食器洗い機、テレビ、エアコンなどのはるかに複雑なデバイスと比べてわずかなものになった。

インターネットも同様である。住戸へのほとんどのインターネットトラフィックは現在、通信やエンターテインメントの個人消費用だ。さらに、ホームオートメーションでの急激な変化がすでに生じており、照明、ブラインドの上げ下ろし、換気、空調、音響映像設備、セキュリティシステム、家庭用電化製品を制御することができる。たとえば掃除機がけなどあらゆるサービスについて、インターネットに接続されたロボットによる新たな支援が提供されている。

プラスの影響

- 資源の効率化(エネルギー使用とコストの低下)
- 快適さ
- 安全性、セキュリティ、侵入者の探知
- 入退室管理
- ホームシェアリング
- 一人暮らしの生活能力(若者、高齢者、障害者)
- ターゲティング広告の増加とビジネスへの全体的影響
- 医療システムでのコスト削減(入院日数と医師の往診回数の減少、服薬状況の監視)
- (リアルタイム)監視、録画

・警告、警報、緊急要請
・住戸内の遠隔制御（たとえば、ガス栓を締める）

マイナスの影響

・プライバシー
・監視
・サイバー攻撃、犯罪、脆弱性

未確認、あるいはプラス・マイナス両方の影響

・労働力への影響
・職場の変化（外で働く人が増える）
・プライバシー、データの帰属

進行中のシフト

住戸内でのこうした利用状況の一例が、cnet.comで紹介されている。「インターネットに接続された温度自動調節器と煙感知器を開発したネストは、二〇一四年に開発者向けプログラムとして『ワークス・ウィズ・ネスト』を発表した。このプログラムを使うと、他社製品とネストのソフトウェアとの連携がとれるようになる。たとえば、メルセデス・ベンツとの提携により、ネストに自宅の暖房をつけるよう口頭で指示すると、自宅に到着するころには部屋が暖かくなっている……やがてはネストのようなハブ装置が、住戸によるユーザーのニーズの探知を支援し、何でも自動調整するようになる。デバイス自体は、いずれは住戸内に埋め込まれ、たった一つのハブから制御されたセンサーやデバイスとして機能するようになる可能性がある」（出典："Rosie or Jarvis: The future of the smart home is still in the air", Richard Nieva, 14 January 2015, cnet.com, http://www.cnet.com/news/rosie-or-jarvisthe-future-of-the-smart-home-is-still-in-the-air/）

シフト10　スマートシティ

ティッピング・ポイント：人口五万人超の都市で初めて信号機が廃止になる

二〇二五年までに：回答者の六四％がこのティッピング・ポイントが到来すると予想

多くの都市で、サービス、公益事業、道路がインターネットに接続されるようになる。こうしたスマートシティは、エネルギー、資材の流れ、ロジスティクス、交通を管理する。シンガポールやバルセロナのような先進都市ではすでに、インテリジェント・パーキング・ソリューション、スマートゴミ回収、インテリジェント照明など多くのデータ主導型の新サービスを実行している。スマートシティは常に、センサーテクノロジーのネットワークを拡張し、データプラットフォームの整備に取り組んでいる。それが将来、さまざまな技術プロジェクトをつなぎ、データ解析と予測モデルの構築に基づくサービス拡充の中核となるからだ。

プラスの影響

・資源の利用効率が向上する
・生産性が上昇する
・密度が向上する
・生活の質が向上する
・環境への影響
・住民全般のための資源利用の拡大
・サービス提供コストの低下
・資源の利用と状況に関する透明性の向上
・犯罪の減少
・モビリティの増大
・分散型の気候にやさしいエネルギー生産と消費
・分散型のモノの生産

・気候変動に対する回復力の向上
・汚染の減少（大気汚染、騒音）
・教育を受ける機会の拡大
・市場アクセスの迅速化、スピード化
・雇用の増大
・電子政府のスマート化

マイナスの影響

・監視、プライバシーの侵害
・エネルギーシステム故障時の破綻リスク（全面停電）
・サイバー攻撃に対する脆弱性の増大

未確認、あるいはプラス・マイナス両方の影響

・都市の文化や雰囲気への影響
・それぞれの都市の個性の変化

進行中のシフト

ザ・フューチャー・インターネットは以下のように報告している。「スペイン北部のサンタンデル市の建物、インフラ施設、交通機関、ネットワーク、公共施設には二万台のセンサーが接続されている。同市は、対話プロトコルや管理プロトコル、デバイスのテクノロジーのような機能の実験と検証のほか、検知、本人確認情報の管理、セキュリティのようなサポートサービスの実験と検証のためのスペースを提供している」（出典："Smart Cities and the Future Internet: Towards Cooperation Frameworks for Open Innovation", H. Schaffers, N. Komninos, M. Pallot, B. Trousse, M. Nilsson and A. Oliveira, The Future Internet, J. Domingue et al. (eds), LNCS 6656, 2011, pp. 431-446, http://link.springer.com/chapter/10.1007%2F978-3-642-20898-0_31)

シフト11 意思決定へのビッグデータ利用

ティッピング・ポイント：政府が初めて国勢調査の代わりにビッグデータを情報源として活用

二〇二五年までに：回答者の八三％がこのティッピング・ポイントが到来すると予想

コミュニティについてはこれまで以上のデータが存在している。そして、そうしたデータを理解し、管理する能力は常に向上している。各国政府はこれまでのデータ収集方法がもはや不必要だと認めはじめており、ビッグデータのテクノロジーに切り替えて現在のプログラムを自動化し、市民や利用者にサービスを提供する新しい革新的な方法を導入する可能性がある。

ビッグデータを活用することで、幅広い産業や用途で意思決定の向上と迅速化が可能になる。意思決定の自動化により、市民にとって煩雑な手続きが減り、企業や政府は、利用者との連絡から税務申告や納税の自動化まで、あらゆることにリアルタイムのサービスとサポートを提供することができるようになる。

意思決定にビッグデータを利用することのリスクと機会は重大だ。肝要なのは、意思決定に用いるデータとアルゴリズムの信頼性を確立することだ。プライバシーに対する市民の不安に対応し、業務・法的な体制に対する説明責任を果たすには、考え方の調整に加え、プロファイリングや予想外の影響の防止に使用する明確なガイドラインが必要となる。今日手作業で行われているプロセスに代わるものとしてビッグデータを活用すると、一部の職務がお払い箱になるおそれがあるが、現在は市場に存在していない新しい職種や機会が生まれる可能性もある。

プラスの影響

・意思決定の向上と迅速化
・意思決定のリアルタイム化
・新技術開発のためのデータ公開
・弁護士の就職口が増える

・市民にとって複雑な手続きが減り、効率が向上する
・コスト削減
・新たな職種が登場する

マイナスの影響
・失業
・プライバシーに対する懸念
・説明責任（アルゴリズムは誰のものか）
・信頼（データはどのように信頼するのか）
・アルゴリズムをめぐる戦い

未確認、あるいはプラス・マイナス両方の影響
・プロファイリング
・規制、業務、法的体制の変更

進行中のシフト
すべての企業の全世界にある事業データの量は、一・二年ごとに倍増している。（出典："A Comprehensive

List of Big Data Statistics," Vincent Granville, 21 October 2014: http://www.bigdatanews.com/profiles/blogs/acomprehensive-list-of-big-data-statistics）

「農業従事者は、アイオワ州からインドに至るまで、種子、衛星、センサー、トラクターからのデータを利用して、何を生育するのか、いつ植えるのか、農場から食卓まで食料を新鮮なまま運ぶにはどうすればよいか、気候変動にどう対応するかについてよりよい意思決定を行っている」（出典："What's the Big Deal with Data", BSA | Software Alliance, http://data. bsa.org/）

「レストラン利用者に店舗の衛生状態に関する情報をさらに提供できるよう、サンフランシスコ市は、イエルプと試験的に協力し、市内のレストランの衛生検査データをイエルプのサイトのレストランのレビューページに掲載している。レストラン（たとえばタコス・エル・プリモ）のページを開くと、衛生状態に関する点数が一〇〇点満点中九八点であることがわかる。イエルプの評価はかなり影響力がある。市から住民へ危険情報を伝達する機能とは別に、この協力関係によって違反を繰り返すレストランに衛生基準を遵守させることもできる可能性がある」（出典：http://www.citylab.com/cityfixer/2015/04/3-cities-using-opendata-in-creative-ways-to-solve-problems/391035/）

シフト12 自動運転車

ティッピング・ポイント：米国の道路上の全車輛の一〇%が自動運転車になる

二〇二五年までに：回答者の七九％がこのティッピング・ポイントが到来すると予想

アウディやグーグルのような大企業による自動運転車の試験走行がすでに行われており、ほかにも数社が新ソリューションの開発への取り組みを拡大している。これらの車輛は、人間がハンドルを握る車輛より効率的で安全なものとなる可能性がある。さらに、渋滞や排気を減らし、現在の輸送や物流モデルを根底から覆すような影響をおよぼす可能性がある。

プラスの影響

- 安全性の向上
- 仕事に集中したり、メディアのコンテンツを利用したりするための時間が増加する
- 環境への影響
- ストレスとドライバーによる運転中のイライラを減らす
- とくに高齢者や障害者が移動しやすくなる
- 電気自動車の採用

マイナスの影響

- 失業（タクシーやトラックのドライバー、自動車業界）

・保険やロードサイドアシスタンスへの根本的な影響（自分で運転する人の保険料の引き上げ）
・交通違反による罰金収入の減少
・自動車の所有者の減少
・運転に適した法体制
・自動運転に反対するロビー活動（自動運転車の高速道路上の走行を認めない人々による）
・ハッキング、サイバー攻撃

進行中のシフト

二〇一五年一〇月に、テスラは、ソフトウェアのアップデートにより過去一年間に販売した車輌を半自動運転可能にした。（出典：http://www.wired.com/2015/10/tesla-self-driving-over-air-update-live）

グーグルは、二〇二〇年に自動運転車を公開する計画である。（出典：Thomas Halleck, 14 January 2015, "Google Inc. Says Self-Driving Car Will Be Ready By 2020", International Business Times: http://www.ibtimes.com/google-inc-says-self-driving-car-will-be-ready-2020-1784150）

二〇一五年夏に、ハッカー二名が走行中の車輌をハッキングし、その車輌のエンターテインメントシステムを介して、ダッシュボード機能、ハンドル操作、ブレーキなどのすべてを制御できることを立証した。（出典：http://www.wired.com/2015/07/hackers-remotely-kill-jeep-highway/）

二〇一二年に米国で初めてネバダ州が、ドライバーレスカー（自動運転車）を認める法律を可決した。（出典：Alex Knapp, 22 June 2011, "Nevada Passes Law Authorizing Driverless Cars", Forbes: http://www.forbes.com/sites/alexknapp/2011/06/22/nevadapasses-law-authorizing-driverless-cars/）

シフト13 AIと意思決定

ティッピング・ポイント：企業の取締役会にＡＩマシンが初登場する

二〇二五年までに：回答者の四五％がこのティッピング・ポイントが到来すると予想

ＡＩは、自動車運転のほかにも、過去の状況から学習して、情報をインプットし、将来の複雑な意思決定プロセスを自動化することで、データと過去の経験に基づきより簡単でより迅速に具体的な決定を下すことができるようにする。

プラスの影響

- 合理的でデータ主導の、しかもバイアスの少ない決定
- 「非合理的な無駄な情報」を排除
- 時代遅れのお役所仕事の見直し
- 就業機会と新技術の開発

・エネルギーの自足
・医学の進歩、病気の根絶

マイナスの影響
・説明責任（責任者は誰か、受託者の権利、法的側面）
・失業
・ハッキング、サイバー犯罪
・責任と説明責任、統治
・理解不能になること
・不平等の拡大
・「アルゴリズムの衝突」
・人間性に対する脅威の存在

進行中のシフト

ＡＩ言語であるコンセプトネット４は最近、ＩＱテストで一般的な四歳児よりよい点数を取った。ちなみに三年前には、かろうじて一歳児と競争できるレベルだった。完成したばかりの次のバージョンは、五歳から六歳児レベルの成績を収めることが期待されている。（出典：“Verbal IQ of a Four-Year Old

Achieved by an AI System": http://citeseerx.ist.psu.edu/viewdoc/download?doi=10.1.1.386.6705&rep=rep1&type=pdf)

ムーアの法則が過去三〇年間と同じスピードで引き続き推移すれば、ＣＰＵは、二〇二五年には人間の脳と同レベルの処理能力に到達することになる。香港に拠点を置き、ライフサイエンス、ガンの研究、加齢に伴う病気、再生医療に投資しているベンチャーキャピタルのディープ・ナレッジ・ベンチャーズは、ＶＩＴＡＬ（Validating Investment Tool for Advancing Life Sciences）と呼ばれるＡＩアルゴリズムを取締役会に任命した。（出典：“Algorithm appointed board director”, BBC: http://www.bbc.com/news/technology-27426942）

シフト14　AIとホワイトカラーの仕事

ティッピング・ポイント：法人監査の三〇％をＡＩが実施

二〇二五年までに：回答者の七五％がこのティッピング・ポイントが到来すると予想

ＡＩは、パターンをマッチさせ、処理を自動化して、大規模な組織の多くの職務でテクノロジーを扱いやすいものにすることが得意だ。現在人間が行っている幅広い職務をＡＩが取って代わる未来を思い描くことができる。

オックスフォード大学マーティンスクールの調査は、ＡＩとロボット技術によるコンピューター化の影響を受けやすい仕事を調査し、驚くべき結果を公表した(原註92)。彼らの予測モデルによれば、二〇一〇年当時の米国の仕事のうち、最高四七%が今後一〇年から二〇年以内にコンピューター化される可能性が非常に高いという(図Ⅴ)。

プラスの影響

・コストの削減
・効率の向上
・新技術の開発、小企業にとっての機会、起業の門戸を開く(参入障壁を引き下げる、何でも「SaaS(ソフトウェア・アズ・ア・サービス)化」する)

マイナスの影響

・失業
・説明責任と責任
・法的開示、財務情報の開示の変更に伴うリスクの変化
・仕事の自動化(オックスフォード大学マーティンスクールの調査を参照)

図V：コンピューター化される確率別に示した米国の雇用者数の分布状況

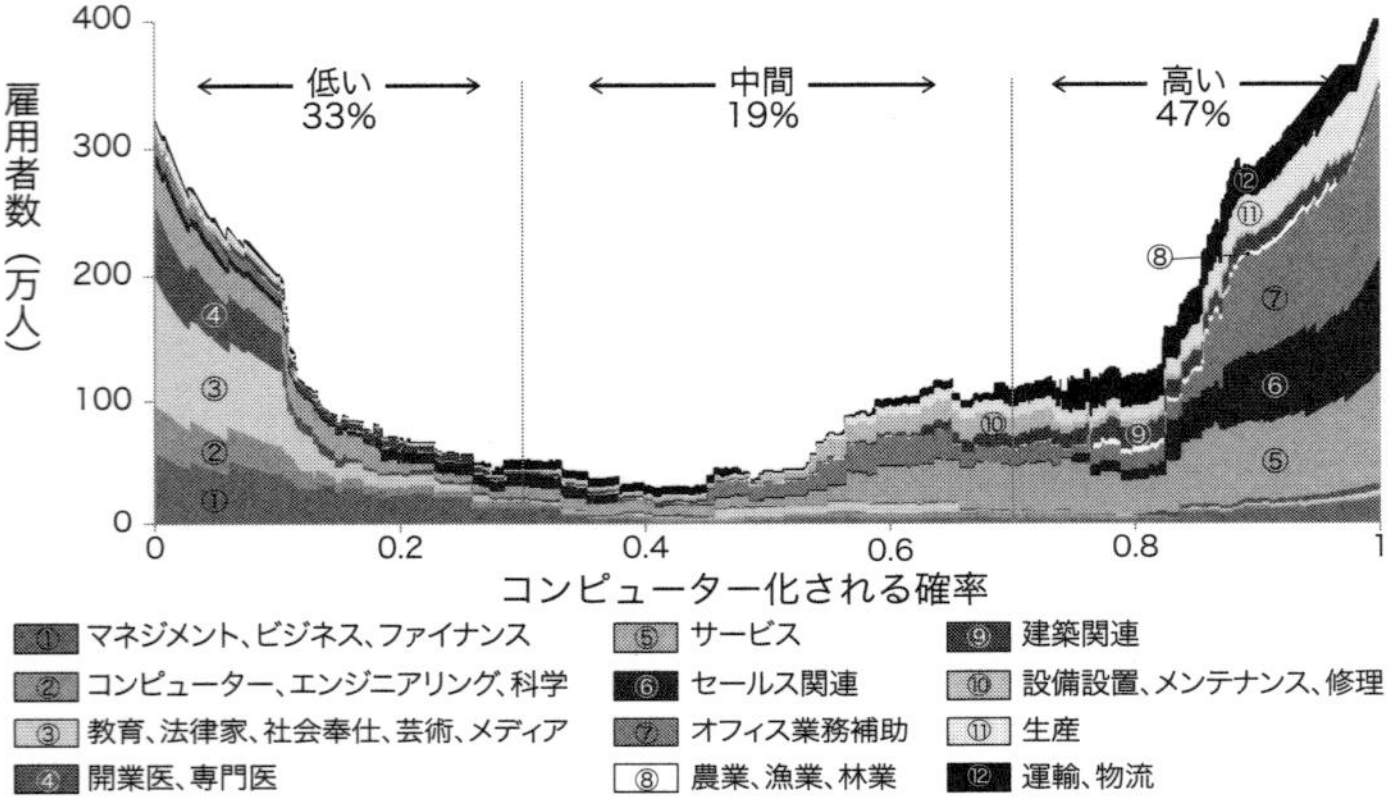

* 分布状況は、2010年の職業構成に基づく。

出典：Frey, C.B. and M.A. Osborne, "The Future of Employment: How Susceptible Are Jobs to Computerisation?", 17 September 2013

進行中のシフト

自動化の進歩は、フォーチュン誌でも報道されている。「IBMのワトソンは、テレビのクイズ番組『ジェパディ！』でもすばらしい成績を発揮したことがよく知られており、すでに人間よりも正確な肺ガンの診断率を示している（あるテストでは人間の五〇％に対しワトソンは九〇％）。その理由は、データである。医学データの公開ペースに追いつくには、医師は週一六〇時間費やさなければならない。だが、医師がこれだけの量の新しい所見や、診断精度を上げる可能性のある臨床的証拠を検討することは不可能だ。外科医はすでに、侵襲の低い手術の助手として自動化システムを利用している」

（出典：In Erik Sherman, FORTUNE, 25 February 2015, http://fortune.com/2015/02/25/5-jobs-that-robots-already-are-taking/）

シフト15　ロボット技術とサービス

ティッピング・ポイント：米国で最初のロボット薬剤師が登場

二〇二五年までに：回答者の八六％がこのティッピング・ポイントが到来すると予想

ロボット技術は、製造から農業まで、さらには小売業からサービス業まで、多くの仕事に影響をおよぼしはじめている。国際ロボット連盟によると、現在世界で一一〇万台のロボットが稼動しており、自動車の製造工程の機械化率は八〇％に達している（原註93）。ロボットは、サプライチェーンを簡素化し、より効率的で予測可能な事業成果をもたらす。

プラスの影響

・サプライチェーンと物流、無駄な作業の排除
・余暇時間を増やす
・治療成績の向上（研究開発で使える薬学の進歩のためのビッグデータ）
・銀行のATMに早くから導入
・素材へのアクセスの拡大
・生産拠点の「リショアリング」（海外労働者をロボットで代替）

マイナスの影響

・失業
・責任、説明責任
・日常の社会規範である九時から五時の勤務体制が終焉し、二四時間サービスへ移行
・ハッキング、サイバー犯罪

進行中のシフト

CNBC.comに掲載されたフィスカル・タイムズ紙の記事は、次のように述べている。「二〇一二年秋にリシンク・ロボティクスはバクスターを発売し、製造業界から圧倒的な反応を得て、四月までに売り切れ状態となった……四月にリシンクは、たとえば、部品のピックアップ、検査台の前で部品をつかむ、『合格品』の山の前に置くか『不合格品』の山の前に置くかの信号を受信するなど、バクスターがより複雑な一連のタスクを行う［ことができるようにした］ソフトウェアのプラットフォームを発売した。同社はまた大学のロボット工学研究のような第三者がバクスターのためにアプリケーションを作成することができるソフトウェア開発キットを［発売した］」（出典：“The Robot Reality: Service Jobs Are Next to Go”, Blaire Briody, 26 March 2013, The Fiscal Times, http://www.cnbc.com/id/100592545）

シフト16 ビットコインとブロックチェーン

ティッピング・ポイント：世界の国内総生産（GDP）の一〇％がブロックチェーンのテクノロジーで保管される

二〇二五年までに：回答者の五八％がこのティッピング・ポイントが到来すると予想

ビットコインとデジタル通貨は、「ブロックチェーン」と呼ばれる信頼分散型メカニズムの考え方に基づくものであり、信頼できる取引を分散された方式で記録する方法である。現在、ブロックチェーンで保管されているビットコインの総額は約二〇〇億ドルで、世界全体のＧＤＰ約八〇兆ドルの約〇・〇二五％を占めている。

プラスの影響

・ブロックチェーンで行われる金融サービスがクリティカルマスに到達した際には、新興市場における金融取引が増加する
・新しいサービスや価値の取引所がブロックチェーン上に直接創設されることによる金融機関離れ
・あらゆる種類の価値の取引所をブロックチェーン上で運営できるため、取引可能資産が急増
・新興市場における財産記録の整備、何でも取引可能資産にできる
・契約や法的サービスがブロックチェーンに連動するプログラムと密接に結びつくにつれて、暗号解読不能な第三者預託やプログラム設計されたスマート契約として使用できる
・ブロックチェーンは本質的に全取引を記録する包括的な取引履歴であるため、透明性が向上する

進行中のシフト

Smartcontracts.com は、一定の基準が満たされた場合に中間業者なしでも二当事者間の決済を行うプログラム可能な契約を提供している。こうした契約は、「自力執行力のある契約」としてブロック

チェーン上で安全に保管され、確約を継続するのに他者に依存するリスクを排除している。

シフト17 シェアリング経済

ティッピング・ポイント：自家用車ではなくカーシェアリングによる移動や旅行が世界的に増加

二〇二五年までに：回答者の六七％がこのティッピング・ポイントが到来すると予想

テクノロジーによって以前はほぼ非効率的で不可能だったレベルで、主体（個人または組織）が物理的な財・資産を共有し、またはサービスを共有・提供できるようになる、というのがこの現象の共通理解といえよう。こうした財・サービスの共有は一般に、オンライン上のマーケットプレイス、モバイルアプリ、位置情報サービスなどテクノロジーによって可能になったプラットフォームによって実現している。これらはシステムの取引費用や摩擦を減らし、関係者全員が経済的利益（増分をかなり細かく分割して）を得られるようにしている。

シェアリング経済のよく知られた事例は、輸送分野で見られる。ジップカーは、人々が短期間の間、従来のレンタカー会社より安価に車輛を共有使用できる方法を提供している。リレーライドは、誰かの自家用車の位置を確認し、一定期間借りることができるプラットフォームを提供している。ウーバーとリフトは、「タクシーのよう」だけれどもタクシーよりはるかに効率的なサービスを個人から提供させている。位置情報によって可能になったサービスによって集められた個人を、モバイルアプリによってアクセス可能にしたものだ。さらに、これらのサービスは、連絡してすぐに利用することができる。

シェアリング経済には、テクノロジー主導、所有より利便性を優先、P2P、（法人資産ではなく）個人資産の共有、利用しやすさ、社会的相互作用の増加、共同消費、オープンに共有されるユーザーフィードバック（これにより信頼が高まる）など、さまざまな要素、特徴またはキーワードがある。ただし、どの「シェアリング経済」取引にもこれらすべてが存在しているわけではない。

プラスの影響

- ツールやその他の有用な物的資源の利用拡大
- 環境への影響の改善（生産量が減り、必要な資産も少なくて済む）
- 利用可能な個人サービスの増加
- キャッシュフローを考えて生計を立てる能力の向上（資産に余裕ができれば節約の必要が減る）
- 資産利用の改善
- 率直な公開フィードバックにより信用が長期的に傷つく状況が減る
- 二次的な経済的効果の創出（ウーバーのドライバーが商品や食品を配達する）

マイナスの影響

- 失業後の回復力の低下（貯蓄の減少による）
- 契約労働、タスクごとの労働の増加（通常、長期雇用のほうが、安定性が高いとされる）
- こうした潜在的「グレー」経済の測定能力の低下
- 短期的に信用が傷つく状況が増加
- システムに投資可能な資本の減少

未確認、あるいはプラス・マイナス両方の影響

- 財産および資産の所有に対する考え方の変化
- サブスクリプションモデルの増加
- 節約意識の低下
- 「富」「豊かな暮らし」の意味が明確でなくなる
- 「仕事」とは何かが明確でなくなる
- こうした潜在的「グレー」経済の測定が難しくなる
- 所有および販売に基づくモデルから使用に基づくモデルへの課税と規制の修正

進行中のシフト

所有に関する固定概念が、こうした新しい展開の根底にある。以下の質問にそれが反映されている。

・世界最大の小売店が、店舗を一店も持ってない？（アマゾン）
・世界最大の宿泊施設提供業者が、ホテルを一軒も持ってない？（エアビーアンドビー）
・世界最大の輸送サービス業者が、車輛を一台も持ってない？（ウーバー）

シフト18 政府とブロックチェーン

ティッピング・ポイント：政府がブロックチェーンを介して初めて税金を徴収
二〇二五年までに：回答者の七三％がこのティッピング・ポイントが到来すると予想

ブロックチェーンは、各国にとって機会も課題ももたらす。ブロックチェーンは中央銀行の規制や監督を受けていない。このことは、通貨政策への支配力が弱まることを意味する。だが一方で、新しい課税の仕組みをブロックチェーンに組み込むことができるようになる（たとえば、少額取引税）。

未確認、あるいはプラス・マイナス両方の影響

・中央銀行と通貨政策

・汚職
・リアルタイムの課税
・政府の役割

進行中のシフト

二〇一五年に、最初の仮想国家であるビットネーションが、身分証明カードの本人確認技術の基礎としてブロックチェーンを使用し、創設された。同時に、エストニアは、ブロックチェーン技術を実際に導入した最初の政府となった。（出典：https://bitnation.co/; http://www.pymnts.com/news/2014/estoniannational-id-cards-embrace-electronic-payment-capabilities/#.Vi9T564rJPM）

シフト19　3Dプリンタと製造業

ティッピング・ポイント：3Dプリンタによる自動車第一号の生産

二〇二五年までに：回答者の八四%がこのティッピング・ポイントが到来すると予想

3Dプリンタ（付加製造）は、デジタル3D図面またはモデルから積層印刷することにより、物理的なオブジェクトを造形するプロセスである。一斤のパンを一切れずつ作るところを想像してみてほ

図VI：3Dプリンタのハイプ曲線

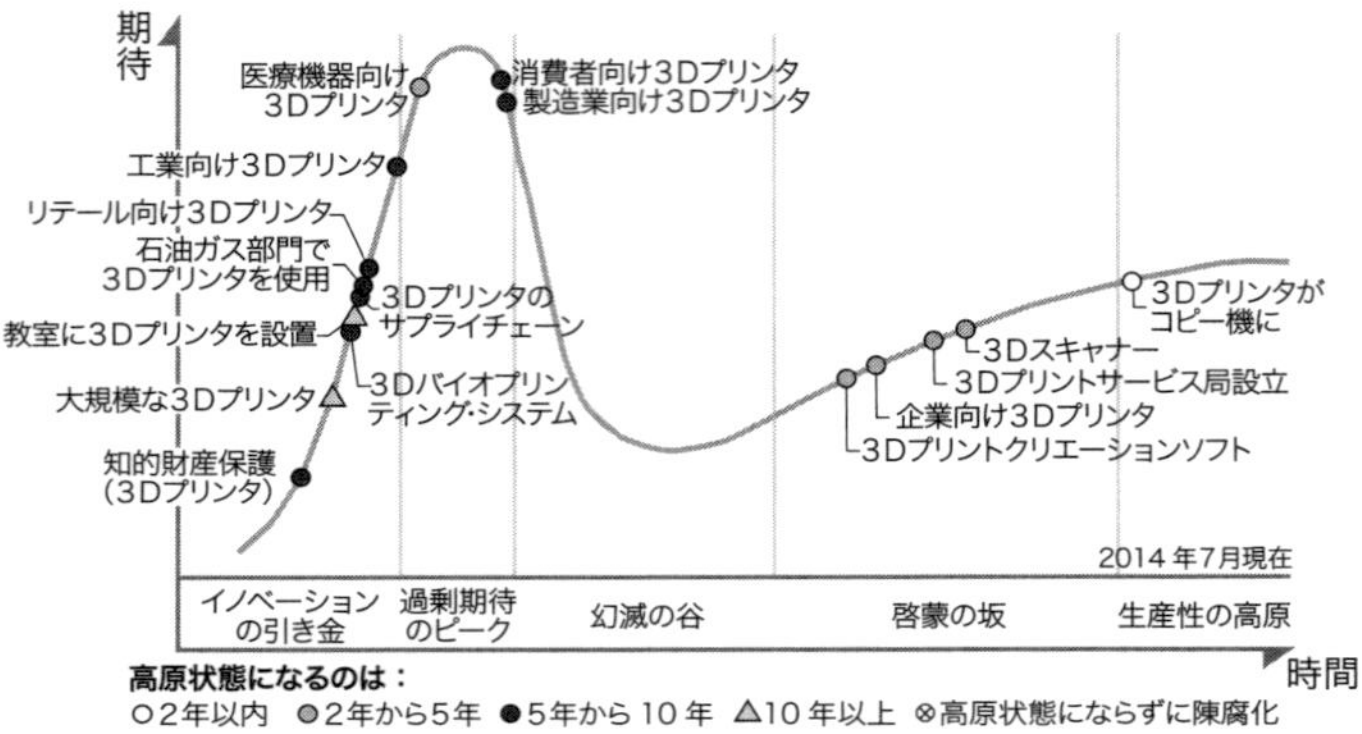

出典：Gartner (July 2014)

しい。3Dプリンタでは、複雑な装置がなくても、非常に複雑な製品を製作することができる(原註94)。いつの日かプラスチック、アルミニウム、ステンレス、セラミックス、さらには高度な合金など、多様な素材が3Dプリンタで使用され、かつては完成に工場全体が必要だったことを3Dプリンタでできるようになるだろう。3Dプリンタは、すでに風力タービンから玩具の製作まで、さまざまな用途に使用されている。

そのうち、3Dプリンタは、スピード、コスト、サイズといった障害を克服し、さらに普及するだろう。ガートナーは、3Dプリンタのさまざまな性能とその影響を段階別に示した「ハイプ曲線」チャート（図VI）を作成した。「啓蒙の坂」に差し掛かったときに最もビジネス用途がプロットされている(原註95)。

プラスの影響

・製品開発が加速

・設計から製造までのサイクルの短縮
・（以前は不可能または困難だった）複雑な部品を簡単に製作
・プロダクトデザイナーに対する需要の増加
・3Dプリンタを用いて学習・理解を促進する教育機関の登場
・創作、製造能力の大衆化（いずれもデザインのみに制約がある）
・コストと最小製造量を減らす方法が見つかることで、従来の大量生産でも課題に対応できる
・さまざまなオブジェクトを印刷するためのオープンソース「計画」が発展する
・印刷素材を供給する新産業の誕生
・宇宙空間での起業機会の増加（原註96）
・輸送需要の減少による環境上の利点

マイナスの影響

・処分する廃棄物の増加と環境への負荷の増加
・積層プロセスで作るパーツには異方性があること（すなわち、力がどの方向でも同じでないために、パーツの機能が制限されるおそれがある）
・衰退業界での失業問題
・知的財産が生産性の価値の源泉として最優先される

・海賊版の作成
・ブランドと製品の品質

未確認、あるいはプラス・マイナス両方の影響

・開発した新技術をすぐにコピーできる可能性

進行中のシフト

製造業向け3Dプリンタの例が、先頃フォーチュン誌で報じられている。「ゼネラル・エレクトリックのジェットエンジンLEAPは、たんに同社のベストセラー製品の一つというだけでない。このエンジンは、燃料ノズルを全面的に付加製造で生産する計画である。そのプロセスは3Dプリンタとして一般に知られているもので、精密なデジタル設計図に沿って素材（この場合は合金）を積層的に組み合わせていく方法である。GEは現在、新型エンジンLEAPのテストを完了する段階だが、付加製造されたパーツの利点はすでに他のモデルで実証されている」（出典：“GE's first 3D-printed parts take flight”, Andrew Zaleski, FORTUNE, 12 May 2015, http://fortune.com/2015/05/12/ge-3d-printed-jet-engine-parts/）

シフト20　3Dプリンタと人間の健康

ティッピング・ポイント：3Dプリンタ製の肝臓の初移植

二〇二五年までに：回答者の七六%がこのティッピング・ポイントが到来すると予想

いつか、3Dプリンタにより、モノだけでなく人間の臓器も製作できるとされている。これは、バイオプリンティングと呼ばれるプロセスである。モノを印刷するのとほぼ同じプロセスで、臓器がデジタル3Dモデルから積層印刷される(原註97)。臓器の印刷に使用される素材は、バイクを印刷するのに使用されるものとは明らかに異なるが、骨を作るのにチタン粉末を使うなど、機能するある種の素材を用いて実験を行うことができる。3Dプリンタは、カスタムデザインのニーズに対応できる可能性が大きく、人体ほどカスタム対応が必要なものはない。

プラスの影響

・臓器不足への対処（臓器不足により移植できなかったために死亡する一日の平均移植待機人数は二一名）(原註98)

・義肢の印刷：手足、腕、人体の代替パーツ

・手術を必要とする各患者のための院内での印刷（たとえば、添え木、ギプス包帯、インプラント、ボルト）

・個別化医療：利用者ごとにわずかに異なるバージョンの人体パーツが必要な場合、3Dプリンタが

急激に増加する（たとえば、歯冠）
・トランスデューサーなど、調達が困難または高価な医療器具のコンポーネントの印刷(原註99)
・手術費用を減らすために、輸入品を使用せず、国内の病院で印刷。たとえば、デンタルインプラント、ペースメーカー、骨折個所の固定器具など
・薬物試験の方法が根本的に変わる。完全に印刷された臓器が利用可能になれば、実際に人体上で行うことができる
・食品を印刷し、食品の安全性を高める

マイナスの影響
・人体パーツ、医療器具または食品の管理外または規制外の生産
・処分する廃棄物の増加と環境への負荷の増加
・人体パーツや人体の印刷による重要な倫理的論争：それらの生産能力を誰が管理するのか。3Dプリンタにより作成された臓器の品質を誰が担保するのか
・健康に対するゆがんだ阻害要因：全部取り替えることができれば、健康に生きられるのか
・3Dプリンタされた食料による農業への影響

進行中のシフト

3Dプリンタされた脊柱が最初に使用された移植については、ポピュラー・サイエンス誌が次のように報じている。「二〇一四年に、北京大学第三医院が、史上初めて3Dプリンタされた脊柱を若い患者に移植し、首の部分のガンに侵された脊柱と取り換えた。代替脊柱は、周辺の骨と結合しやすいようその少年の元の脊柱をモデルとして作製されたものである」（出典："Boy Given a 3-D Printed Spine Implant, Loren Grush, Popular Science, 26 August 2014, http://www.popsci.com/article/science/boy-given-3-dprinted-spine-implant)

シフト21　3Dプリンタと消費財

ティッピング・ポイント：消費財の五％が3Dプリンタで生産されたものになる

二〇二五年までに：回答者の八一％がこのティッピング・ポイントが到来すると予想

3Dプリンタがあれば誰でも作れるので、一般的な消費財を店舗で購入せずに、必要なときに必要な場所で印刷する機会が生まれる。3Dプリンタはやがてオフィス機器や家庭用電化機器となるだろう。これにより、消費財を入手するコストがさらに低下し、3Dプリンタされたモノを入手できる可能性が高まる。

図Ⅶ：さまざまな分野における３Ｄプリンタの利用状況（回答者数に対する割合＊）

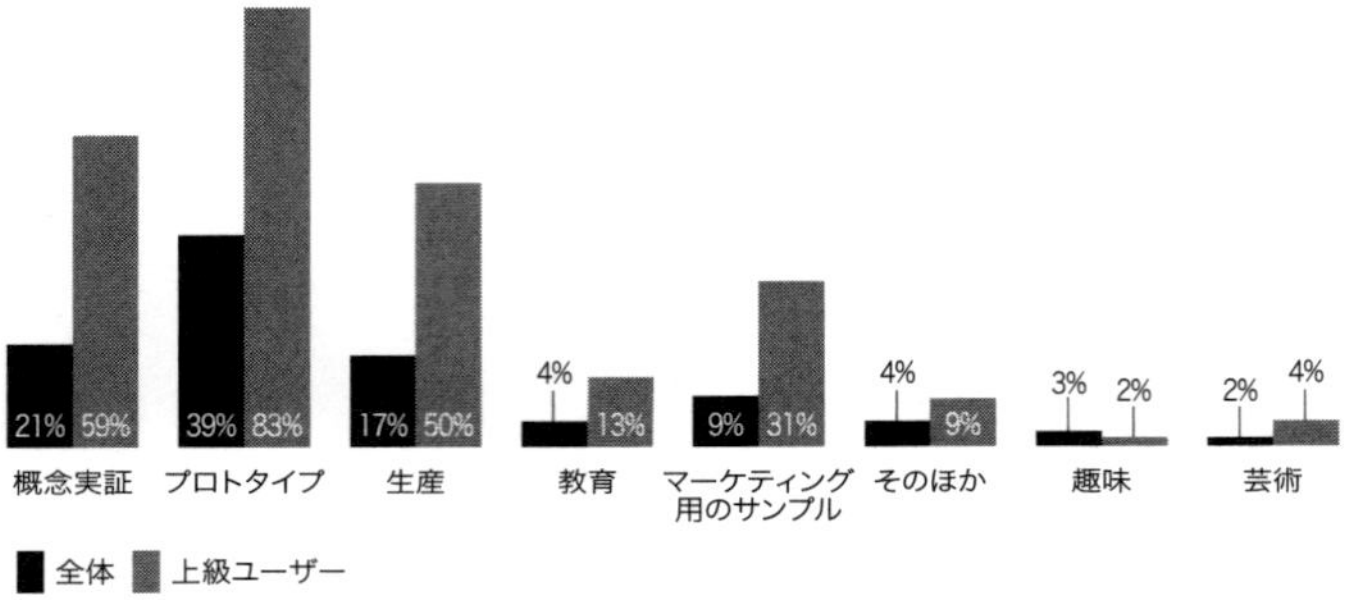

割合は、Sculpteo による調査の回答者数に対するもの

出典：Sculpteo, The State of 3D Printing (survey of 1,000 people), as published in Hedstrom, J., “The State of 3D Printing…”, Quora （原註 100）

現在３Ｄプリンタが利用されている分野（図Ⅶ）として、消費財の開発・生産に関する一部の分野がある（概念実証、試作品、生産）。

プラスの影響

・個別化された製品やパーソナル・ファブリケーションが増加する
・ニッチ製品を作成し、それを販売して儲けを得る
・それぞれの利用者が製品に対しわずかに異なるニーズを持っている分野では３Ｄプリンタが急成長する（たとえば、足の形が特殊な場合、特別サイズの靴が必要になる）
・流通コストが減り、大量のエネルギーを節減できる可能性がある（原註１０１）
・豊かなローカル活動に貢献できる。流通コストの排除による恩恵を受けた独自の製品を生み出すことができる（循環経済）

マイナスの影響

・グローバルおよび地域のサプライチェーン、流通チェーンで需要の減少により失業が発生する
・銃規制：誰でもモノが印刷できるようになると、銃などの高いレベルの不正使用が起きる
・処分する廃棄物の増加と環境への負荷の増加
・生産管理、消費者規制、貿易障壁、特許、租税その他の政府規制に大きな混乱が生じ、適応をめぐり悪戦苦闘が生じる

進行中のシフト

二〇一四年には、全世界でおよそ一三万三〇〇〇台の3Dプリンタが出荷された。これは、二〇一三年比で六八％増だ。プリンタの大部分の販売価格は一万ドル以下のため、研究所や学校から小規模なメーカーに適している。その結果、3D素材・サービス業界の規模は、三三億ドルと堅調に拡大している。（原註102）

シフト22 デザイナーベビー（原註103）

ティッピング・ポイント：計画的かつ直接的にゲノム編集された最初の人間が誕生

二一世紀以降、遺伝子配列解析コストがほぼ六桁低下している。ヒトゲノム計画では、二〇〇三年に二七億ドルを費やして最初の全遺伝情報を解析した。二〇〇九年までに、全遺伝情報を解析するコストが一〇万ドルに低下し、今日では、研究者は、わずか一〇〇〇ドルで専門機関に解析を依頼できる。さらに最近になって、従来手法より効果と効率が高く、コストが低いために広く採用されているクリスパー・キャス9法が開発され、ゲノム編集でも同様のトレンドが起きている。

したがって本当の革命は、献身的な研究者が動植物のゲノムを突然編集できるようになることではなく、新しい解析や編集の技術によって研究が容易なものになり、実験できる研究者の数が大幅に増えることなのだ。

プラスの影響

- 農作物がより強く、有用で生産的なものになったこと、農作物の世話がしやすくなったことで、農業生産高が増加する
- 個別化医療による治療効果の向上
- より早くより正確で、侵襲性の低い医療診断
- 人間が自然におよぼす影響に関する理解の拡大
- 遺伝性疾患と関連する病気の発生を減らす

マイナスの影響

・編集された動植物、人間、環境医学の相互作用のリスク
・治療費が高いことによる不平等の悪化
・ゲノム編集技術の社会的な反発または拒絶
・政府または企業による遺伝子データの不正使用
・ゲノム編集技術の使用に関する国際的な倫理観の不一致

未確認、あるいはプラス・マイナス両方の影響

・長寿化
・人間の本質に関する倫理的ジレンマ
・文化的シフト

進行中のシフト

二〇一五年三月に、第一人者である複数の研究者が、ネイチャー誌に、ヒト胚の編集の一時禁止を求め、「この研究の倫理面・安全面から示唆される憂慮すべき懸念」を強調した記事を公表した。わ

ずか一カ月後の二〇一五年四月には、「広州の中山大学の黄軍就をリーダーとする研究者チームが、世界で初めてヒト胚のＤＮＡの改変に関する科学論文を発表した」（出典：http://www.nature.com/news/don-t-edit-the-human-germ-line-1.17111; http://qz.com/389494/chinese-researchers-are-the-first-to-genetically-modify-a-human-embryo-and-many-scientists-think-theyve-gone-too-far/）

シフト23　ニューロテクノロジー（原註104）

ティッピング・ポイント：完全に人工的な記憶を埋め込まれた脳を持つ最初の人間

プライベートでも仕事でも、脳がどのように機能するかの理解が深まることで恩恵を受けない分野は一つもない。個人としても集団としてもそうだ。このことは過去数年間に、世界で最も多額の資金が投じられた研究プログラムのうち二つが脳科学であることからも明らかだ。その二つのプログラムとは、ヒューマン・ブレイン・プロジェクト（一〇年間にわたり欧州委員会から一〇億ユーロが拠出されるプロジェクト）とオバマ大統領のＢＲＡＩＮイニシアティブ（Brain Research Through Advancing Innovative Neurotechnologies）である。これらのプログラムの重点は主に科学・医学研究に置かれているが、私たちはいま、非医学的な側面におけるニューロテクノロジーの急成長（とその影響）を目の当たりにしている。ニューロテクノロジーは、脳活動の監視と、脳がどのように変化し、どう世界と相互作用するかの考察で構成されている。

たとえば、二〇一五年には、持ち運び可能で手頃な価格のヘッドセット型脳波計（すでにゲームコンソールより廉価なものになっている）が登場し、ニューロ革命のみならず社会革命ともいえる無比の可能性を提供している。（原註105）

プラスの影響

・いまでは、障害者が義肢や車椅子を「脳の働きにより」制御することができるようになった
・脳の活動をリアルタイムに監視できるニューロフィードバックが、中毒症状との闘いを助け、食行動の規制、スポーツから教室まで成績の向上に数えきれない可能性を提供している
・大量の脳活動に関連するデータを収集、処理、保存、比較できるようになったことにより、脳障害やメンタルヘルス関連の問題の診断・治療効率を改善できる
・現在のような一般的な方法ではなく事件の個別処理や、刑事事件の責任問題に個別的な方法で対処することが法律上可能になる
・次世代コンピューターは設計に脳科学の知識が採用されている。人間の大脳皮質（知性を司る脳の部位）のように推論、予測、反応することができる

マイナスの影響

・脳の働きによる差別：個人を動かすのは脳だけではないが、法、人事、消費者行動、教育などさまざまな分野で脳のデータのみに基づき状況を無視した意思決定が行われるリスクがある（原註106）

・思考、夢、願望が解読され、プライバシーがなくなることへの恐怖

・創造性や人間味がゆっくりと確実に消え去ることへの恐怖（主に脳科学により可能なことを過度に強調された場合にこの症状が生じる）

・人間とコンピューターの境界線が曖昧になる

未確認、あるいはプラス・マイナス両方の影響

・文化的シフト

・コミュニケーションからの離脱

・成績の向上

・人間の認知能力の拡大が新たな行動を引き起こす

進行中のシフト

・大脳皮質のコンピューターアルゴリズムはすでに、現在のＣＡＰＴＣＨＡ（人間をコンピューターと区別するのに広く用いられているテスト）に回答できる能力を実証済み

・自動車業界では、居眠り運転すると車を止める注意力と覚醒状態の監視システムを開発済み
・中国のインテリジェントなプログラムは、ＩＱテストで多くの成人よりよい成績を収めている
・ＩＢＭのスーパーコンピューターであるワトソンは、数百万件の医療記録、データベースを精査して、複雑なニーズのある患者に対する治療の選択肢について医師への支援を開始している
・（目と脳の伝達機能を活発化させる）神経形態学的な画像センサーは、バッテリーの使用状況からロボット技術まで幅広く影響をおよぼす
・神経機能代替により、障害者は人工的な手足や外骨格を制御できる。一部の視覚障害者は視力を取り戻すことができる
・国防高等研究計画局（ＤＡＲＰＡ）による能動的記憶力再現（Restoring Active Memory）プログラムは、記憶の回復と増強の先駆的プログラムである
・ＭＩＴの神経科学者がマウスで実証したように鬱病は幸せな記憶を人工的に取り戻すことで治癒できる可能性がある

（出典：Doraiswamy M. (2015). 5 brain technologies that will shape our future. World Economic Forum Agenda, Aug 9. https://agenda.weforum.org/2015/08/5-brain-technologies-future/; Fernandez A (2015). 10 neurotechnologies about to transform brain enhancement and brain health. SharpBrains, USA, Nov 10: http://sharpbrains.com/blog/2015/11/10/10-neurotechnologies-about-to-transform-brain-enhancement-and-brain-health/）

102 T.E. Halterman, "3D Printing Market Tops $3.3 Billion, Expands by 34% in 2014", 3DPrint.com, 2 April 2015. http://3dprint.com/55422/3d-printing-market-tops-3-3-billion-expands-by-34-in-2014/

103 このティッピング・ポイントは、当初の調査には含まれていない。(*Deep Shift – Technology Tipping Points and Societal Impact,* Survey Report, World Economic Forum, September 2015)

104 Ibid.

105 Fernandez A, Sriraman N, Gurewitz B, Oullier O (2015). Pervasive neurotechnology: A groundbreaking analysis of 10,000+ patent filings transforming medicine, health, entertainment and business. SharpBrains, USA (206 p.) http://sharpbrains.com/pervasive-neurotechnology/

106 Oullier O (2012). Clear up this fuzzy thinking on brain scans. *Nature,* 483(7387), p. 7, doi: 10.1038/483007a. http://www.nature.com/news/clear-up-this-fuzzy-thinking-on-brain-scans-1.10127

89 Elana Rot, "How Much Data Will You Have in 3 Years?", Sisense, 29 July 2015. http://www.sisense.com/blog/much-data-will-3-years/

90 ムーアの法則によると、プロセッサ速度もしくはCPUに含まれるトランジスタの量は、2年で2倍になるという。

91 Kevin Mayer, Keith Ellis and Ken Taylor, "Cattle Health Monitoring Using Wireless Sensor Networks", Proceedings of the Communication and Computer Networks Conference, Cambridge, MA, USA, 2004. http://www.academia.edu/781755/Cattle_health_monitoring_using_ wireless_sensor_networks

92 Carl Benedikt Frey and Michael A. Osborne, "The Future of Employment: How Susceptible Are Jobs to Computerisation?", 17 September 2013. http://www.oxfordmartin.ox.ac.uk/downloads/academic/The_Future_of_Employment.pdf

93 Will Knight, "This Robot Could Transform Manufacturing," *MIT Technology Review*, 18 September 2012. http://www.technologyreview.com/news/429248/this-robotcould-transform-manufacturing/

94 http://www.stratasys.com/ を参照。

95 Dan Worth, "Business use of 3D printing is years ahead of consumer uptake", V3.co.uk, 19 August 2014. http://www.v3.co.uk/v3-uk/news/2361036/business-use-of-3d-printing-is-years-ahead-of-consumer-uptake

96 "The 3D Printing Startup Ecosystem", SlideShare.net, 31 July 2014. http://de.slideshare.net/SpontaneousOrder/3d-printing-startup-ecosystem

97 Alban Leandri, "A Look at Metal 3d Printing and the Medical Implants Industry", 3DPrint.com, 20 March 2015. http://3dprint.com/52354/3d-print-medical-implants/

98 "The Need is Real: Data", US Department of Health and Human Services, organdonor.gov. http://www.organdonor.gov/about/data.html

99 "An image of the future", *The Economist,* 19 May 2011. http://www.economist.com/node/18710080

100 Jessica Hedstrom, "The State of 3D Printing", 23 May 2015. http://jesshedstrom.quora.com/The-State-of-3D-Printing

101 Maurizio Bellemo, "The Third Industrial Revolution: From Bits Back to Atoms", CrazyMBA.Club, 25 January 2015. http://www.crazymba.club/the-third-industrial-revolution/

考え直したり質問したりせずに他者のいったことを繰り返す人々のこと。
79 Internet live stats, “Internet users in the world”, http://www.internetlivestats.com/internet-users/ http://www.worldometers.info/world-population/
80 “Gartner Says Worldwide Traditional PC, Tablet, Ultramobile and Mobile Phone Shipments to Grow 4.2 Percent in 2014”, Gartner, 7 July 2014. http://www.gartner.com/newsroom/id/2791017
81 “Number of smartphones sold to end users worldwide from 2007 to 2014 (in million units)”, statista, 2015. http://www.statista.com/statistics/263437/globalsmartphone-sales-to-end-users-since-2007/
82 Lev Grossman, “Inside Facebook's Plan to Wire the World,” *Time*, 15 December 2014. http://time.com/facebook-world-plan/
83 “One Year In: Internet.org Free Basic Services,” Facebook Newsroom, 26 July 2015. http://newsroom.fb.com/news/2015/07/one-year-in-internet-org-free-basic-services/
84 Udi Manber and Peter Norvig, “The power of the Apollo missions in a single Google search”, Google Inside Search, 28 August 2012. http://insidesearch.blogspot.com/2012/08/the-power-of-apollo-missions-in-single.html
85 Satish Meena, “Forrester Research World Mobile And Smartphone Adoption Forecast, 2014 To 2019 (Global),” Forrester Research, 8 August 2014. https://www.forrester.com/
86 GSMA, “New GSMA Report Forecasts Half a Billion Mobile Subscribers in Sub-Saharan Africa by 2020”, 6 November 2014. http://www.gsma.com/newsroom/press-release/gsma-report-forecasts-half-a-billion-mobile-subscribers-ssa-2020/
87 “Processing Power Compared: Visualizing a 1 trillion-fold increase in computing performance”, Experts Exchange. http://pages.experts-exchange.com/processing-power-compared/
88 “A history of storage costs”, mkomo.com, 8 September 2009 http://www.mkomo.com/cost-per-gigabyte
サイトによれば、元データはHistorical Notes about the Cost of Hard Drive Storage Space (http://ns1758.ca/winch/winchest.html) であり、2004年から2009年にかけての元データはInternet Archive Wayback Machine (http://archive.org/web/web.php) である。

66 Nicholas Carr, *The Shallows: How the Internet is changing the way we think, read and remember,* Atlantic Books, 2010.（邦訳『ネット・バカ』）

67 Pico Iyer, *The Art of Stillness: Adventures in Going Nowhere,* Simon and Schuster, 2014.（邦訳『平静の技法』）

68 以下より引用。Elizabeth Segran, "The Ethical Quandaries You Should Think About the Next Time You Look at Your Phone", *Fast Company,* 5 October 2015. http://www.fastcompany.com/3051786/most-creative-people/the-ethical-quandaries-you-should-think-about-the-next-time-you-look-at

69 「状況把握の知性」という用語は、ニティン・ノーリアがハーバード・ビジネス・スクール学長に就任する数年前に作った造語。

70 Klaus Schwab, *Moderne Unternehmensführung im Maschinenbau (Modern Enterprise Management in Mechanical Engineering),* VDMA, 1971.

71 以下より引用。Peter Snow, *The Human Psyche in Love, War & Enlightenment,* Boolarong Press, 2010.

72 Daniel Goleman, "What Makes A Leader?", *Harvard Business Review,* January 2004. https://hbr.org/2004/01/what-makes-a-leader

73 Rainer Maria Rilke, *Letters to a Young Poet,* Insel Verlag, 1929.（邦訳『若き詩人への手紙』）

74 ヴォルテールのフランス語による原著では次のように書かれている。*"Le doute n'est pas une condition agréable, mais la certitude est absurde."* "On the Soul and God", letter to Frederick William, Prince of Prussia, 28 November 1770, in S.G. Tallentyre, trans., *Voltaire in His Letters: Being a Selection from His Correspondence,* G.P. Putnam's Sons, 1919.

75 Martin Nowak with Roger Highfield, *Super Cooperators: Altruism, Evolution, and Why We Need Each Other to Succeed,* Free Press, 2012.

76 World Economic Forum, *Deep Shift – Technology Tipping Points and Societal Impact,* Survey Report, Global Agenda Council on the Future of Software and Society, November 2015

77 yelp.com のウェブサイトのコンセプトを借りれば、人々は他人を直接レビューすることができ、それらのレビューは人々に埋め込まれたチップを通じてオンライン上に記録され、共有されることになる。

78 「エコーチェンバー」とは、異論を述べずに他者の意見に同意する人々、または

57 Sean F. Reardon and Kendra Bischoff, "More unequal and more separate: Growth in the residential segregation of families by income, 1970-2009", US 2010 Project, 2011. http://www.s4.brown.edu/us2010/Projects/Reports.htm http://cepa.stanford.edu/content/more-unequal-and-more-separate-growth-residential-segregation-families-income-1970-2009

58 Eleanor Goldberg, "Facebook, Google are Saving Refugees and Migrants from Traffickers", *Huffington Post,* 10 September 2015. http://www.huffingtonpost.com/entry/facebook-google-maps-refugeesmigrants_55f1aca8e4b03784e2783ea4

59 Robert M. Bond, Christopher J. Fariss, Jason J. Jones, Adam D. I. Kramer, Cameron Marlow, Jaime E. Settle, and James H. Fowler, "A 61-million- person experiment in social influence and political mobilization", *Nature,* 2 September 2012 (online). http://www.nature.com/nature/journal/v489/n7415/full/nature11421.html

60 Stephen Hawking, Stuart Russell, Max Tegmark, Frank Wilczek, "Stephen Hawking: 'Transcendence looks at the implications of artificial intelligence – but are we taking AI seriously enough?", *The Independent,* 2 May 2014. http://www.independent.co.uk/news/science/stephen-hawking-transcendence-looks-at-the-implications-of-artificial-intelligence-but-are-we-taking-9313474.html

61 Greg Brockman, Ilya Sutskever & the OpenAI team, "Introducing OpenAI", 11 December 2015. https://openai.com/blog/introducing-openai/

62 Steven Levy, "How Elon Musk and Y Combinator Plan to Stop Computers From Taking Over", 11 December 2015. https://medium.com/backchannel/how-elon-musk-and-y-combinator-plan-to-stop-computers-from-taking-over-17e0e27dd02a#.qjj55npcj

63 Sara Konrath, Edward O'Brien, and Courtney Hsing. "Changes in dispositional empathy in American college students over time: A meta- analysis." *Personality and Social Psychology Review* (2010).

64 以下より引用。Simon Kuper, "Log out, switch off, join in", *FT Magazine,* 2 October 2015. http://www.ft.com/intl/cms/s/0/fc76fce2-67b3-11e5-97d0-1456a776a4f5.html

65 Sherry Turkle, *Reclaiming Conversation: The Power of Talk in a Digital Age,* Penguin, 2015.

47 Tom Saunders and Peter Baeck, "Rethinking Smart Cities From The Ground Up", Nesta, June 2015. https://www.nesta.org.uk/sites/default/files/rethinking_smart_cities_from_the_ground_up_2015.pdf

48 Carolina Moreno, "Medellin, Colombia Named 'Innovative City Of The Year' In WSJ And Citi Global Competition", *Huffington Post,* 2 March 2013. http://www.huffingtonpost.com/2013/03/02/medellin-named-innovative-city-of-the-year_n_2794425.html

49 World Economic Forum, *Top Ten Urban Innovations,* Global Agenda Council on the Future of Cities, World Economic Forum, October 2015. http://www3.weforum.org/docs/Top_10_Emerging_Urban_Innovations_report_2010_20.10.pdf

50 Alex Leveringhaus and Gilles Giacca, "Robo-Wars – The Regulation of Robotic Weapons", The Oxford Institute for Ethics, Law and Armed Conflict, The Oxford Martin Programme on Human Rights for Future Generations, and The Oxford Martin School, 2014. http://www.oxfordmartin.ox.ac.uk/downloads/briefings/Robo-Wars.pdf

51 ジェームズ・ジョルダーノの引用は以下より。Tom Requarth, "This is Your Brain. This is Your Brain as a Weapon", *Foreign Policy,* 14 September 2015. http://foreignpolicy.com/2015/09/14/this-is-your-brain-this-is-your-brain-as-a-weapon-darpa-dual-use-neuroscience/

52 Manuel Castells, "The impact of the Internet on Society: A Global Perspective", *MIT Technology Review,* 8 September 2014. http://www.technologyreview.com/view/530566/the-impact-of-the-internet-on-society-a-global-perspective/

53 Credit Suisse, *Global Wealth Report 2015,* October 2015. http://publications.credit-suisse.com/tasks/render/file/index.cfm?fileid=F2425415-DCA7-80B8-EAD989AF9341D47E

54 OECD, "Divided We Stand: Why Inequality Keeps Rising", 2011. http://www.oecd.org/els/soc/49499779.pdf

55 Frederick Solt, "The Standardized World Income Inequality Database," Working paper, SWIID, Version 5.0, October 2014. http://myweb.uiowa.edu/fsolt/swiid/swiid.html

56 Richard Wilkinson and Kate Pickett, *The Spirit Level: Why Greater Equality Makes Societies Stronger,* Bloomsbury Press, 2009.（邦訳『平等社会』）

States, Why Being in Charge Isn't What It Used to Be, Basic Books, 2013.(邦訳『権力の終焉』)

ナイムは、権力の終焉の原因を3つの革命、すなわち「より多く」を求める革命、移動性の革命、物の見方の革命にあるとしている。IT（情報技術）の役割を支配的としないのは慎重な見方だが、「より多く」「移動性」「物の見方」がデジタル時代と新しいテクノロジーの普及に一役買っていることは疑いがない。

42 この点は以下の文献で指摘され、議論されている。"The Middle Kingdom Galapagos Island Syndrome: The Cul-De-Sac of Chinese Technology Standards", Information Technology and Innovation Foundation (ITIF), 15 December 2014. http://www.itif.org/publications/2014/12/15/middle-kingdom-galapagos-island-syndrome-cul-de-sac-chinese-technology

43 "Innovation Union Scoreboard 2015", European Commission, 2015. http://ec.europa.eu/growth/industry/innovation/facts-figures/scoreboards/files/ius-2015_en.pdf

イノベーション・ユニオン・スコアボードで用いられる評価枠組みは、主に3種類の指標と8つのイノベーション次元を区別し、全部で25の指標を取り込んでいる。1つ目の指標が、イノベーション実現の要因（イネーブラー）である。社外におけるイノベーション成果の主要な推進要因である3つのイノベーション次元（人的資源、開放的で優秀かつ魅力的な研究体制、資金供与と支援）を見る。2つ目の指標が、企業の活動である。3つのイノベーション次元（企業による投資、連携と起業家精神、知的財産）に区分される企業レベルのイノベーション努力を把握する。3つ目の指標がイノベーション成果である。企業のイノベーション活動の影響を2つのイノベーション次元（イノベーターと経済的影響）にわけて見る。

44 World Economic Forum, *Collaborative Innovation – Transforming Business, Driving Growth*, August 2015. http://www3.weforum.org/docs/WEF_Collaborative_Innovation_report_2015.pdf

45 World Economic Forum, *Global Information Technology Report 2015: ICTs for Inclusive Growth*, Soumitra Dutta, Thierry Geiger and Bruno Lanvin, eds., 2015.

46 World Economic Forum, *Data-Driven Development: Pathways for Progress*, January 2015 http://www3.weforum.org/docs/WEFUSA_DataDrivenDevelopment_Report2015.pdf

訳『ワーク・シフト』）

30 R. Buckminster Fuller and E.J. Applewhite, *Synergetics: Explorations in the Geometry of Thinking,* Macmillan, 1975.

31 Eric Knight, "The Art of Corporate Endurance", *Harvard Business Review,* April 2, 2014. https://hbr.org/2014/04/the-art-of-corporate-endurance

32 VentureBeat, "WhatsApp now has 700M users, sending 30B messages per day", January 6 2015. http://venturebeat.com/2015/01/06/whatsapp-now-has-700m-users-sending-30b-messages-per-day/

33 Mitek and Zogby Analytics, *Millennial Study 2014* , September 2014 https://www.miteksystems.com/sites/default/files/Documents/zogby_final_embargo_14_9_25.pdf

34 Gillian Wong, "Alibaba Tops Singles' Day Sales Record Despite Slowing China Economy", *The Wall Street Journal,* 11 November 2015, http://www.wsj.com/articles/alibaba-smashes-singles-day-sales-record-1447234536

35 "The Mobile Economy: Sub-Saharan Africa 2014", GSM Association, 2014. http://www.gsmamobileeconomyafrica.com/GSMA_ME_SubSaharanAfrica_Web_Singles.pdf

36 Tencent, "Announcement of results for the three and nine months ended 30 September 2015" http://www.tencent.com/en-us/content/ir/an/2015/attachments/20151110.pdf

37 MIT, "The ups and downs of dynamic pricing", innovation@work Blog, MIT Sloan Executive Education, 31 October 2014. http://executive.mit.edu/blog/the-ups-and-downs-of-dynamic-pricing#.VG4yA_nF-bU

38 Giles Turner, "Cybersecurity Index Beat S&P500 by 120%. Here's Why, in Charts", Money Beat, *The Wall Street Journal,* 9 September 2015. http://blogs.wsj.com/moneybeat/2015/09/09/cybersecurity-index-beats-sp-500-by-120-heres-why-in-charts/

39 IBM, "Redefining Boundaries: Insights from the Global C-Suite Study," November 2015. http://www-935.ibm.com/services/c-suite/study/

40 Global e-Sustainability Initiative and The Boston Consulting Group, Inc, "GeSI SMARTer 2020: The Role of ICT in Driving a Sustainable Future", December 2012. http://gesi.org/SMARTer2020

41 Moisés Naím, *The End of Power: From Boardrooms to Battlefields and Churches to*

19 United States Department of Labor, "Preliminary multifactor productivity trends, 2014", Bureau of Labor Statistics, 23 June 2015 http://www.bls.gov/news.release/prod3.nr0.htm

20 OECD, "The Future of Productivity", July 2015. http://www.oecd.org/ eco/growth/The-future-of-productivity-policy-note-July-2015.pdf
米国の生産性の伸びの減速については以下を参照。John Fernald and Bing Wang, "The Recent Rise and Fall of Rapid Productivity Growth", Federal Reserve Bank of San Francisco, 9 February 2015. http://www.frbsf.org/economic-research/publications/economic-letter/2015/february/economic-growth-information-technology-factor- productivity/

21 エコノミストであるブラッドフォード・デロングが以下の文献でこの点を指摘している。J. Bradford DeLong, "Making Do With More", Project Syndicate, 26 February 2015. http://www.project-syndicate.org/commentary/abundance-without-living-standards-growth-by-j--bradford-delong-2015-02

22 John Maynard Keynes, "Economic Possibilities for our Grandchildren" in Essays in Persuasion, Harcourt Brace, 1931.

23 Carl Benedikt Frey and Michael Osborne, "The Future of Employment: How Susceptible Are Jobs to Computerisation?", Oxford Martin School, Programme on the Impacts of Future Technology, University of Oxford, 17 September 2013. http://www.oxfordmartin.ox.ac.uk/downloads/academic/The_Future_of_Employment.pdf

24 Shelley Podolny, "If an Algorithm Wrote This, How Would You Even Know?", *The New York Times,* 7 March 2015 http://www.nytimes.com/2015/03/08/opinion/sunday/if-an-algorithm-wrote-this-how-would-you-even-know.html?_r=0

25 Martin Ford, *Rise of the Robots,* Basic Books, 2015.（邦訳『ロボットの脅威』）

26 Daniel Pink, *Free Agent Nation – The Future of Working for Yourself,* Grand Central Publishing, 2001.（邦訳『フリーエージェント社会の到来』）

27 以下から引用。Farhad Manjoo, "Uber's business model could change your work", *The New York Times,* 28 January 2015.

28 以下から引用。Sarah O'Connor, "The human cloud: A new world of work", *The Financial Times,* 8 October 2015.

29 Lynda Gratton, *The Shift: The Future of Work is Already Here,* Collins, 2011.（邦

Technologies, World Economic Forum, 4 March 2015. https://agenda.weforum.org/2015/03/top-10-emerging-technologies-of-2015-2/

9 Tom Goodwin, "In the age of disintermediation the battle is all for the consumer interface", *TechCrunch*, March 2015. http://techcrunch.com/2015/03/03/in-the-age-of-disintermediation-the-battle-is-all-for-the-customer-interface/

10 K.A. Wetterstrand, "DNA Sequencing Costs: Data from the NHGRI Genome Sequencing Program (GSP)", National Human Genome Research Institute, 2 October 2015. http://www.genome.gov/sequencingcosts/

11 Ariana Eunjung Cha, "Watson's Next Feat? Taking on Cancer", *The Washington Post*, 27 June 2015. http://www.washingtonpost.com/sf/national/2015/06/27/watsons-next-feat-taking-on-cancer/

12 Jacob G. Foster, Andrey Rzhetsky and James A. Evans, "Tradition and Innovation in Scientists' Research Strategies", *American Sociological Review*, October 2015 80: 875-908. http://www.knowledgelab.org/docs/1302.6906.pdf

13 Mike Ramsay and Douglas Cacmillan, "Carnegie Mellon Reels After Uber Lures Away Researchers", *Wall Street Journal*, 31 May 2015 http://www.wsj.com/articles/is-uber-a-friend-or-foe-of-carnegie-mellon-in-robotics-1433084582

14 World Economic Forum, *Deep Shift – Technology Tipping Points and Societal Impact*, Survey Report, Global Agenda Council on the Future of Software and Society, September 2015.

15 調査方法の詳細については、原註 14 の報告書の 4 頁と 39 頁を参照。

16 UK Office of National Statistics, "Surviving to Age 100", 11 December 2013, http://www.ons.gov.uk/ons/rel/lifetables/historic-and-projected-data-from-the-period-and-cohort-life-tables/2012-based/info-surviving-to-age-100.html

17 The Conference Board, *Productivity Brief 2015*, 2015.
全米産業審議会が集約したデータによると、世界の労働生産性の伸びは 1996 年から 2006 年にかけて平均 2.6%だった。対して 2013 年と 2014 年は 2.1%だった。
https://www.conference-board.org/retrievefile.cfm?filename=The-Conference-Board-2015-Productivity-Brief.pdf&type=subsite

18 United States Department of Labor, "Productivity change in the nonfarm business sector, 1947-2014", Bureau of Labor Statistics http://www.bls.gov/lpc/prodybar.htm

原註

1　「破壊」「破壊的イノベーション」については、ビジネス・経営戦略の論客の間で活発に議論されており、直近の論文として、Clayton M. Christensen, Michael E. Raynor, and Rory McDonald, *What is Disruptive Innovation?,* Harvard Business Review, December 2015がある。クリステンセン教授と彼の同僚の用語の定義に対する懸案事項を尊重しつつ、本書ではさらに広い意味でこれらの語を使用している。

2　Erik Brynjolfsson and Andrew McAfee, *The Second Machine Age: Work, Progress, and Prosperity in a Time of Brilliant Technologies,* W.W. Norton & Company, 2014.（邦訳『ザ・セカンド・マシン・エイジ』）

3　James Manyika and Michael Chui, "Digital Era Brings Hyperscale Challenges", *The Financial Times,* 13 August 2014.

4　デザイナーであり建築家でもあるネリ・オクスマンは、私が説明したことについて魅力的な事例を提供している。オクスマンの研究所は、コンピューター設計、付加製造、材料工学、合成生物学の合わさる領域で活動している。
https://www.ted.com/talks/neri_oxman_design_at_the_intersection_of_ technology_and_biology

5　Carl Benedikt Frey and Michael Osborne, with contributions from Citi Research, "Technology at Work – The Future of Innovation and Employment", Oxford Martin School and Citi, February 2015. https://ir.citi.com/jowGiIw%2FoLrkDA%2BldI1U%2FYUEpWP9ifowg%2F4HmeO9kYfZ-iN3SeZwWEvPez7gYEZXmxsFM7eq1gc0%3D

6　David Isaiah, "Automotive grade graphene: the clock is ticking", *Automotive World,* 26 August 2015. http://www.automotiveworld.com/analysis/automotive-grade-graphene-clock-ticking/

7　Sarah Laskow, "The Strongest, Most Expensive Material on Earth", *The Atlantic,* http://www.theatlantic.com/technology/archive/2014/09/the-strongest-most-expensive-material-on-earth/380601/

8　テクノロジーの一部は、次の文献でさらに詳細に説明されている。Bernard Meyerson, "Top 10 Technologies of 2015", Meta-Council on Emerging

［著者紹介］

クラウス・シュワブ（Klaus Schwab）

1938年生まれ、ラーベンスブルク（ドイツ）出身。公的機関と民間企業の協力（パートナーシップ）を通して社会課題の解決を推進する国際機関、世界経済フォーラムの創設者であり、会長を務める。政界や財界の指導者のみならず、その他の最前線の社会的リーダーと関わりを持ち、世界や地域、各産業における課題解決を推進してきた。世界経済フォーラムは1971年に創設された組織で、現在、国際機関としてジュネーブ（スイス）に本部を置く。独立不偏を旨としており、いかなる特定利害とも無関係である。現在600名の職員が勤務しており、ジュネーブ本部のほか、ニューヨーク、北京、東京にオフィスがある。

フリブール大学にて経済学博士号（summa cum laude）を取得したほか、スイス連邦工科大学にて工学博士号を、ハーバード大学ケネディスクールにて行政学修士号を取得。1972年にジュネーブ大学の最年少教授に就任。研究者として国内外にて数々の表彰を受け、ビジネス界でも数々の大企業の取締役として活躍した。また国連でも諮問委員を務めた。男女一人ずつの子供がいる。ジュネーブ在住。

第四次産業革命
—ダボス会議が予測する未来

2016年10月14日　1版1刷

著　者　クラウス・シュワブ
訳　者　世界経済フォーラム
発行者　斎　藤　修　一

発行所　日本経済新聞出版社
http://www.nikkeibook.com/
東京都千代田区大手町1-3-7　〒100-8066
電話 03-3270-0251（代）

印刷・製本／大日本印刷株式会社

Printed in Japan　ISBN978-4-532-32111-6